銀座千福ものがたり

86歳女将の藤色グラフィティ

羽根田愛子

メディア・ケアプラス

目次

第一章　愛子のはじまり

昭和の名士が集った銀座千福のはじまり

その昔、木挽町《こびきちょう》と呼ばれた東京・銀座七丁目、新橋演舞場の目と鼻の先。平成19年3月30日の夜、ここにある瀬戸内料理の店〈銀座千福《せんぷく》〉は、店の大家さんであり、東京新橋組合頭取の娘・永井美恵子さんや、新橋花柳界トップの面々十五人ほどでカウンター席が埋められ、華やかに賑わっていました。

私、羽根田愛子が開業以来勤めた銀座千福の営業は、この日が最終日。昭和42年9月にオープンしてから四十年の間には、高度経済成長期の日本を牽引した、商社、製薬、建設、電機といった会社の社長や重役、店周辺にあっ

た新聞社や広告関連の方、歌舞伎・映画界の方、スポーツ界の方など、たくさんのお客様にお越しいただきました。ご贔屓《ひいき》にしてくださった皆様のことは、十六年経った今でも色鮮やかに思い出されます。

　銀座千福は最初、銀座六丁目、今の〈銀座シックス〉の後方にあたる昭和通り沿い、産業機械を製造していた会社のビルにありました。地下の機械室を改造して、社員のための食堂を開きたいと考えたその会社の社長が、広島の〈呉中央水産〉に相談したところ「どうせならお酒も飲めるようにしよう」という話になったそうです。ちょうど東京での出店を考えていた呉市の老舗酒造メーカー〈三宅本店〉にも声をかけ、呉の有力者数名も加わって〈株式会社銀座千福〉を設立しました。これが、呉で水揚げされる新鮮な旬の魚を毎日空輸し、希少な日本酒と一緒に提供するという、なんとも贅沢《ぜいたく》な店、銀座千福のはじまりです。

　私は、昭和通りに店ができると聞いてびっくりしたものです。当時は銀座と言っても、その辺りは店など何もなく、夜になると真っ暗で、道端に座ってお酒を飲んでいる人がいるような場所でした。しかも地下ですから、お客様が通りすがりにふらりと入ってくるようなところでもありません。それが、半年ほど経った頃からお客様が増えはじめ、一年と経たないうちに人気の店になりました。

店名の千福は、三宅本店が醸造・販売している、大正5年に誕生した日本酒の銘柄です。初代・三宅清兵衛さんが「女性は内助の功を称《たた》えられるばかりで、酬《むく》いられることが少ないのは気の毒である。せめて酒銘だけでも女性の名前を用いたい」という思いから、お母様のフクと奥様の千登の一文字ずつを用いて〈千福〉と命名されたそうです（千福のウェブサイトより）。素敵なお話ですね。

三宅本店の歴史は古く、味醂《みりん》・焼酎・白酒製造業として創業したのが安政

3（1856）年で、清酒醸造をはじめたのが明治35年、千福が登録商標を受けたのは大正5年です。その後、日本海軍の軍艦〈浅間〉が二百二十日余りの練習航海に出航した際、三宅本店の清酒〈呉鶴〉を満載していましたが、何度もの赤道通過によっても変質・変味することがなかったとして高く評価されたことから、以後、全海軍基地に千福が納入されるようになりました。千福は戦艦大和にも納入され、呉市海事歴史科学館（大和ミュージアム）にある海中の戦艦大和の映像には、当時の千福の瓶《びん》が写っています。

平成26年からは日本を代表する日本酒メーカーとして、広島県と共同でフランスでの日本酒啓発活動をはじめました。輸出された〈神力生もと純米無濾過原酒85〉はフランス人に好評で、著名なレストランにも置かれています。

さて、私がどのような経緯でこの店に勤めることになったかと言うと、株式会社銀座千福の社長になった黒瀬日出男さんの弟・誠治さんから、ある日「新しくできる店を手伝ってくれないか」と連絡をもらったのがきっかけでした。

黒瀬誠治さんとは、私の叔母・咲子がやっていた小料理屋〈以な福《いなふく》〉のお客様だったご縁で――。この続きをお話しするには、まず、親子以上に深い咲子との関係、私の生い立ちについて語る必要があるでしょう。すべての出来事が銀座千福の四十年間、今の私へとつながっていると思うのです。

戦時中だった幼少期

私は、昭和12年2月17日、父・光治、母・サヨの間に、二人の兄に次ぐ長女として生まれました。父と母は東京の八丁堀、茅場町の生まれで、二人は俳句の会で知り合ったと聞いています。印刷業を営む会社に勤務していた父ですが、悲しいことに私が生まれて十か月後、出張先の九州・博多で急性肺炎のために亡くなってしまいました。三十六歳でした。このことが、その後の私たち家族、私の人生の行く先を大きく変えたように思います。

第一章　愛子のはじまり

父・光治、母・サヨの結婚式

夫を亡くした母は子ども三人を連れて、芸者をしていた父の妹・咲子のところに転がり込みます。この私の叔母は、関東大震災で亡くなった父親の代わりとなって一家を養うために、十三歳から花柳界に入りました。以降、彼女はまさに大黒柱として羽根田家を支えていくのです。

長兄・弘に障がいがあったこともあり、しばらくして母は、次兄・米男も連れて東京の大田区久が原に移って自分の母親と住みます。私はそのまま叔母と祖母が住む中央区新富町の家に残され、以降、叔母と深く関わっていくことになります。

新富町で小学校入学を迎えますが、学童疎開、帰京、引っ越しなどで六回も転校したため、同級生のことも先生の名前も、学校のことは何も覚えていません。

小学校時代で記憶に残っていることと言えば、昭和19年9月21日の深夜に起きた、新富町の家の火事です。七輪の火の不始末が原因で火事になり、私は叔母に助け出されましたが、救出が間に合わなかった祖母は亡くなってし

第一章　愛子のはじまり

左から次兄・米男、愛子、長兄・弘、従姉妹
後ろに立つのが母・サヨ

次兄・米男と

まいました。火でものすごく熱い顔とは反対に、背中は冷たい風でひんやり。近所のおじさんにおんぶされ、燃え続ける家を見ていたのを覚えています。

もう一つ、忘れられないことがあります。それは昭和20年1月27日、東京の都心が初めてB29爆撃機による偵察爆撃を受けた日のことです。このとき、前年に火事に遭った叔母と私は、烏森町《からすもりちょう》（現 港区新橋）の知り合いの家に身を寄せていて、小学一年生の私を心配して叔母は、学校まで送り迎えしてくれていました。

その日も叔母と京橋小学校から帰る途中、有楽町駅の近くで警戒警報が鳴り、慌てて改札を目指しましたが、すでに閉鎖されていて入れません。当時、駅の改札横には必ず防空壕があったんです。爆弾が炸裂する轟音《ごうおん》が鳴り響く中、逃げ惑う人をかき分けながらひた走ります。いったん新橋駅寄りの防空壕に入るも何となく東京駅寄り、中央口の防空壕に駆け込みました。

警報が解除されて防空壕を出てみると、辺りの景色は一変。最初に入った防空壕に爆弾が落とされていて、あとで聞いたところによると、駅長をはじめそこにいた六十人ほどが亡くなったそうです。今の有楽町マリオンのところにあった日劇ビルはあちこちの窓から火が勢いよく噴き出し、銀座交差点の和光も激しく燃えています。

私たちは、京橋小学校近くに住んでいた叔母の弟の家に行こうとしましたが、晴海通りは瓦礫《がれき》の山で通ることができず、皇居の前を通って烏森町へ。気づくといつの間にか靴が脱げ、裸足で歩いていました。やっとの思いでたどり着くと、知り合いの家は焼けずに残っていて、子どもながらにほっとしたものです。

空襲を経験して、私のことを自分では守り切れないと思った叔母は、私を母のもとに帰します。入学して一年と経たないうちに、次兄の米男と同じ久が原小学校に転校し、ほどなくして静岡県伊豆長岡に学童疎開しました。

疎開先は有名な〈柳屋〉〈さかなや〉といった旅館で、一度、母が長兄の弘を連れて訪ねてきてくれたことがあります。その日はちょうど、久が原の家があった蒲田地区が空襲で激しく燃えた日で、母も兄も巻き込まれずにすみました。

数週間して、今度は疎開先が富山県石動町《いするぎちょう》のお寺に移ります。転校してすぐの疎開で友だちを作る間はなく、学年が違う米男とは一緒にいることもできず、知らない人ばかりの中でひとりぼっちです。心細いうえに、お寺は古くて清潔とはほど遠く、子どもたちはみんなノミとシラミまみれ。体についたシラミは簡単に見つけられて、手でつまんで取れるほどでした。

食べる物と言ったら、飼料にするような大豆を煮た、おかゆのようなものが出される程度で、これがまずいのなんの。消化に悪いのでしょう、みんな食べたとたんにお腹を下してしまいました。常にお腹を空かせていた私は、付近を歩き回っては食べられそうな葉っぱを摘んで食べていました。このとき学んだのが、空豆は生では食べられないこと。生臭くて食べられませんから、興味本位で試したりしないでくださいね。

8月15日の玉音《ぎょくおん》放送は、このお寺で聞きました。終戦になったからと言ってすぐに帰れるわけではなく、ノミとシラミまみれ、空腹の生活は続きます。9月になって叔母が私たちの様子を見に訪ねてきました。お寺の門のところに立つ叔母を見つけた私は、体がキュッと硬くなって動けなくなってしまいました。久しぶりに会った嬉しさはあるものの、家族が誰も会いにこないほかの子どもたちの手前、素直に喜ぶことができなかったのです。ゆっくりと近づいてきた叔母は、静かに私を抱きしめました。

その晩、お寺に泊まった叔母は、小さな袋に入ったきな粉をくれました。食糧の乏しい時代ですから、手に入れるのは大変だったと思います。「見つからないようにしまっておきなさい」と言われ、大事に自分の柳行李《やなぎごうり》に入れておきました。夜中、何となく気になって行李を開けてみると、袋がありません。辺りを見回すと、床にきな粉が点々と落ちています。叔母と一緒に辿《たど》っていくと、お堂の祭壇の裏に隠されていたのを見つけました。きっと、盗んだ子が舐《な》めながら歩いたのでしょう。みんなそれほどひもじい思いをしていたのです。

翌日帰っていった叔母は、家に着くなり「ひどい栄養失調になっている。学校と喧嘩してでもすぐに二人を連れて帰ってきなさい」と母に言ったそうです。ほどなくして、母は自分の弟のお嫁さんと一緒に迎えに来てくれました。新潟県の直江津経由で東京に向かう途中、列車が止まって動かなくなり、駅のホームに唯一の荷物だったシラミだらけの布団を広げて休みました。そのとき見えた、紅葉で赤く染まった妙義山《みょうぎさん》の美しかったこと。生まれて初めて見たその景色が、強烈に記憶に残っています。

今思い出しても、疎開は本当に大変な経験でした。

無事東京に戻り、母方の祖母の家を訪ねたとき母に「ご挨拶《あいさつ》なさい」と言われ、やっとの思いで正座してお辞儀《じぎ》します。でも、米男も私もそのまま座ってなどいられず、すぐにごろりと横になったまま動けません。長旅でくたびれ果てていましたし、それほど栄養失調で体が弱っていたのです。

その後、より良い働き口を求める母に連れられ神奈川県の湯河原などあちこちに行って、六回も転校しました。だから、私には小学校の思い出が何もないんです。短い間に次々と環境が変わり、その度に知り合いのいない中に一人放り込まれた幼少期。新しい環境に置かれたとき、自分はここでどのように振る舞えばいいのか、周りを観察して、様子を見ながらその場所の雰囲気に合わせていました。そうした生きる術《すべ》とでもいうようなものがいつの間にか身につき、のちの仕事にも生かされたように思います。

戦争で一家の主《あるじ》や住む家を失った家族は、戦後、苦しい生活を強《し》いられました。私の家族も同様です。今の大田区蒲田梅屋敷《うめやしき》公園近くにあった、知り合いのプレス加工工場に住まわせてもらっていたときは、四畳半一間で壁はベニヤ板、裸電球の下で一家四人暮らし。母はそのお宅の手伝いをしていて、たまに食べ物をもらってくるのですが「一昨日くれたら食べられたのに」みたいなものばかりでした。

年末にお米がなくなると、母に言われてお米屋さんに借りに行きました。お米屋さんも子ども相手に断るわけにいきません。年が明け、まるで集金するように親戚中を回ってもらったお年玉は、すべてお米代に消えていきました。一銭たりとも、お年玉を自分のために使った記憶がありません。

当時は、高校に行く人はほんの数える程度、大学進学や会社に就職できるのは、恵まれた家庭環境に育った子女だけという時代。中学校を卒業した私は、近所の和裁のお稽古に通っていました。そこで一緒だった友だちの知り合いが松竹大船撮影所の衣装部に勤めていて、何度か遊びに行ったことがあります。映画〈君の名は〉が上映されていた頃で、俳優の佐田啓二さんや岸恵子さんと一緒に写真を撮ってもらったり、サインをもらったり。貧しい生活の中で、電車賃さえあれば遊びに行ける、慎ましい楽しみの場所でした。

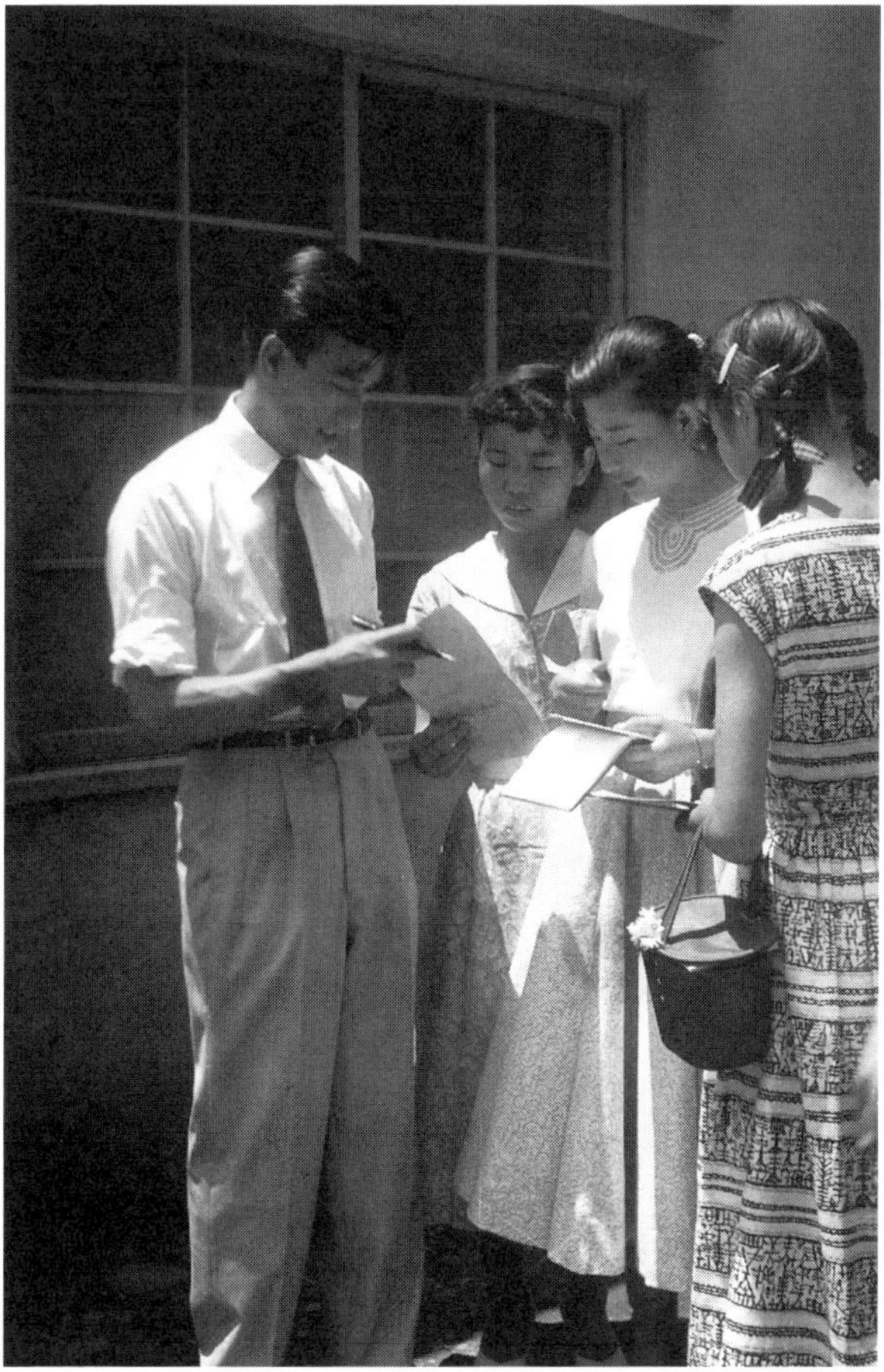

松竹大船撮影所にて、俳優・佐田啓二さんにサインをもらう

中央区人形町の叔母の家にも、時々遊びに行っていました。幼い頃に父親を亡くすという境遇が似ていたからでしょうか、私のことをとてもかわいがってくれて、母に何度も養女にほしいと頼んだそうです。その度に母の兄たちは「絶対に一人娘を養女にやってはいけない」と強く反対し、母もまた私を手放すことはしませんでした。しかし、十七歳という年頃の私は、昼間、男性工員ばかりのプレス加工工場に一人でいることに不安がありました。和裁のお稽古に通っていたのもそれ故《ゆえ》です。将来も夢も、何も思い描けない状況に、このままここにいて良いものかと悩んだ末、自分の意思で人形町に行き、叔母と暮らすことを決めました。そして、叔母の「お座敷に出たら」のひと言で、花柳界の道に進むことになったのです。

芳町芸者、愛子のはじまり

叔母は戦後、人形町の交差点から歩いてすぐのところに家を買いました。その辺りは、昭和52年に町名が改正されるまで〈芳町《よしちょう》〉と呼ばれていました。今も家の前の路地は残っていて、跡地には立派なビルが建っています。そこに私は、ほとんど何も持たずに越しました。昭和29年のことです。家には、新しい私のお茶碗と箸、それに着物が用意してあって「今日からこれを着て生活しなさい」と着せてくれました。着物に慣れ、正しく美しい所作を身につけるためです。その頃はまだ自分では着られず、着慣れるまでは掃除が一番大変でした。

十七歳で花柳界に入るのは遅いほうです。置屋《おきや》に生まれた子や、十歳かそこらで地方から出てきた子たちは、踊りも唄も素晴らしく、私なんかいくらお稽古しても敵《かな》いません。正月には揃って獅子舞でお座敷を回り、テレビでも披露されるほどの彼女たちを誇らしく見ていました。芳町は藤間流と花柳流が主流で、私は神田にあった、芳町の見番《けんばん》の先生でいらした二代目・花柳壽楽《はなやぎじゅらく》さんの稽古場と、家の近くのお師匠さんのところに通っていました。昔は、町のそこら中にお師匠さんがいて、お稽古場もたくさんあったんです。

十八歳になり、いよいよお座敷に出ることになりました。どんな芸名にしようかと、初め叔母にいい芸者が付ける〈小りん〉を勧められますが、何となくしっくりしません。次に提案された、叔母が若い頃に名乗っていたという〈愛子〉をすぐに気に入り「それがいい」とうなずきました。

芸名が決まると、お座敷用の着物を仕立てて足袋《たび》を誂《あつら》え、小物を揃えてと準備で忙しくなります。それらすべてを叔母が手配してくれました。私はというと、お披露目に向けてひたすらお稽古です。

準備が整ったら良い日を選んで〈お披露目〉します。この日のために誂えた真新しい着物を着て、名入りの手ぬぐいを持って、主な置屋二、三十軒ほど挨拶して回ります。案内をしてくれるのは、当日身の回りの世話をしてくれ

お披露目の日。期待と緊張が混ざった表情の愛子

る箱屋《はこや》さん。「愛子です。よろしくお願いします」と挨拶すると「頑張って」「よろしくね」と置屋にいた人たちに声をかけてもらいました。

芸者の一日は、お稽古から始まります。朝起きたら寝間着（浴衣）を着物に着替えて、お師匠さんのところへ。私は二か所で踊りのお稽古をしていました。しっかり芸を身につけ、芸者として一流になることにみんな一生懸命でした。

京都で言うところの舞妓さん、振り袖姿の〈おしゃくさん〉と呼ばれる娘さんたちは、唄や三味線、太鼓や笛、鼓《つつみ》以外に英会話も習っていました。はとバスツアーの外国のお客様が多かったからです。日曜日など休みの日に映画を観ていると置屋のおばちゃんが「お座敷です」と呼びに来ます。日本髪を結っていますから、暗くても一目でわかってしまうんですね。

お稽古が終わると、美容室で髪をセットしてもらってからお風呂屋さんへ。

仲良し三人組。左から照駒さん、愛子、秀葉さん

芸者の正装〈引き着〉姿の愛子、23 歳の頃

その後、お座敷に出る支度《したく》をします。お昼をお客様といただくこともあります。このお食事に行くことを、私たちは〈ご飯食べ《はんた》〉と言っていました。

一度、友だちに「お客様と二人きりはいやだから、一緒に来て」と頼まれて、ある銀行の支店長さんとご飯食べしたことがあります。〈日活ホテル〉、今は〈ザ・ペニンシュラ東京〉があるところですね、そこのレストランに連れて行ってもらい、帰りには菓子折りと千円札を新札で二枚いただきました。今の価値で言うと、一万円くらいでしょうか。こうして私たちをもてなすのは、取引先など大事なお客様をお座敷に連れて行ったときのためのもので「粗相《そそう》のないように、よろしく頼むよ」という意味がありました。

花柳界のシステムは、実に良くできていました。毎日、午前十時頃になると箱屋さんが、一週間先の予約が書かれた〈お約束〉の紙を届けに来ます。葉書《はがき》の縦半分くらいの大きさで、日にちと出先となる料亭の名と〈約束六愛子〉と書かれています。これは、午後六時から八時までお座敷が入ったという意味。下には〈あとくち〉と呼ばれる、あとから入ったその日の料亭名が書かれています。追加であとくちが入ると、出先の帳場まで箱屋さんが紙をどんどん持って来てくれました。

〈花代《はなだい》〉と呼ばれる給料はお座敷ごとの時間計算なので、予約が八時までても八時二十分くらいまでいると、三時間として計算されます。あとくちに早く着くと「別のお座敷に行ってて」と言われ、そこに十五分でもいれば一時間付きます。次々とお声がかかり、あちらの料亭、こちらのお座敷と、忙しくも楽しかったです。

月末になると、見番が料亭の帳場から入金された花代を集計して置屋に届けます。私の花代は叔母に届けられ、それで新しい着物や帯を誂えてくれました。着物の柄は、季節を少し先取りするのが基本。どんどん誂えなくては間に合いません。出入りの呉服屋さんが、季節ごとに新しい反物《たんもの》を持って家まで来ます。あれがいいか、これがいいかと悩んで選んだ反物を着物に仕立てて、また届けに来てくれます。足袋も既製品ではなく、自分の足に合わせて作られた誂え物を履くのが身だしなみ。そうでないのは、みっともないことでした。

貴重な出会いで花開いた日々

正月のお米にも苦労した日々には想像もできなかった、芳町での華やかな暮らし。特に、お披露目から三か月ほど経った頃の出来事によって毎日が花開きました。

お客様十二人くらいの宴席で、下っ端の私は、主にお客様のお手洗いにお供していました。お客様がお手洗いに立たれたときはさりげなくお供し、廊下で待ってまたお座敷に案内するのがしきたり。大きな料亭では、部屋がわからなくなって、お客様が迷ってしまわれることもあるからなんです。

あるお客様にお供したとき「何て名前?」と聞かれ「はい、愛子と申します」と答えました。次にお供したときも「何て名前?」とお手洗いに行かれる度に私の名前をお尋ねになるので、「変わった方だな」と思っていました。

その方が先にお帰りになってしばらくすると「すぐに来てください」と、料亭〈阿を山《あをやま》〉の仲居さんから電話がかかってきました。何が何だかわからないまま「蛎殻町《かきがらちょう》一のいいお店ですよ」と言う車夫《しゃふ》さんの人力車に乗って、初めて阿を山に向かいました。

到着すると、お座敷で待っていたのは先ほどのお客様。女将《おかみ》さんの「パパこの子?」の問いにうなずかれたその方は、製糖会社の社長・花田さんでした。製糖と言えば、当時は特に勢いがあった産業で、戦後日本の経済復興の基盤となった三白《さんぱく》——製粉・製糖・セメントの一つ。少しすると、芳町きっての売れっ子照駒さんと福若さんもやって来て、これを機に私は、二人と一緒に花田さん秘蔵っ子の仲間入りをしました。つまり、大きな後ろ盾を得たのです。

芸者として格上げしてくださった花田さんの通夜の日に
料亭阿を山の前で、照駒さん、福若さんと一緒に

芸者として格上げしていただき、花田さんには感謝しています。
お披露目のときある置屋さんで「似ているね」と言われてから憧れていた照駒さんとは、生涯の友となりました。俳優・鶴田浩二さんのお気に入りだった彼女はのちに、東京・八重洲にあった天ぷら屋さん〈味覚〉の次男・孝さんのところに嫁ぎました。長男の繁さんは、俳優・田村高廣《たかひろ》さんが所属した芸能事務所〈ぷろだくしょん森〉を立ち上げた方で、繁さんも田村さんも銀座千福のお客様だったのですが、このお話は、またのちほど。

花田さんとの思い出というと遠出《とおで》です。自分がいる町以外のお座敷や、旅行に行くことを遠出と言いました。たとえ隣町の柳橋でもそう言うんですよ。遠出やご飯食べでお座敷を休むときは見番に「明日は用事です」と言うだけで、理由や行き先を聞かれることはありませんでした。今は、有給休暇を取るのにも理由が必要だったりして厳しいですよね。もう少しおおらかでもいいのではと思います。

一番の思い出は静岡県熱海です。このときは、見番を通さない、つまり花代の発生しない遠出ではなく、見番を通した正式なものでした。ある年の1月末だったでしょうか、花田さんの会社主催で、製糖関連の方五十人ほどが出席される大きな宴席が、熱海の〈大観荘《たいかんそう》〉で開かれることになりました。阿を山の女将さんの仕切りで、芳町の芸者約二十人、余興があるので地方《じかた》（三味線、唄を受け持つ人）も集められました。箱屋さんも着付けのために同行します。大方は電車ですが、秘蔵っ子三人は花田さんと一緒に会社の車で。

夕方から花田さんとお客様たちは会議で、その間に私たちは支度をします。用意された支度部屋で、海苔巻きとはんぺんで小腹を満たすお姐《ねえ》さんたちの側《そば》で箱屋さんが手際よく着付けていきます。このはんぺんは、頼まれて私が途中、大磯の〈井上蒲鉾《かまぼこ》店〉で受け取ってきたもの。女将さんの気遣いですね。

夕方四時頃に会議が始まり、六時から乾杯とともに開宴。宴席が温まったところで余興が始まります。私でも見とれてしまうほどの踊りを披露したお

お座敷に出たての頃。当時、日本髪よりも簡単に結え、和装にも洋装にも合うとして人気だった束髪《そくはつ》にした愛子

旅先の旅館でピンポンを楽しむ

姐さんは、自分の出番が終わると正客《しょうきゃく》に一本お酌して、すっとお座敷を出ていきます。その姿がまた格好いいんです。

豪華な宴会が終わると、私たちは浴衣に着替えて、別室に用意された食事をいただきます。芳町の一流どころのお姐さんたちが、ずらりと並んだその様子は壮観でした。食事をしていると、会議と宴席が無事に終わってほっとされたのでしょう、主催側のお客様が嬉しそうに「ご苦労様～」と入ってきて、私たちにお酌をしてくれます。そのうちにお気に入りのお姐さんをお茶に誘います。私と照駒さん、福若さんも阿を山の女将さんの「パパはマッサージ受けているからいってらっしゃい」の声に送られて、ぷらぷらと海沿いの〈ナギサコーヒー店〉に。たわいもない話をしたあとは、銀座の高級衣料店〈花菱《はなびし》〉の出店で「好きなもの選びなさい」と言われ、私は確かセーターを買ってもらいました。高価なハンドバッグを買ってもらっている人もいました。

翌日、お客様と一緒に朝ご飯をいただき、食後は花田さんの部屋でのんびり。

その間、阿を山の女将さんはというと、お帰りのお客様への気遣いや、ばらばらに帰って行くお姐さんたちまで、皆さんを見送ります。事前の細かい準備、電車や車の手配、二十人もの芸者を取りまとめ、お客様一人ひとりに気を配る。女将さんという仕事は本当に大変だと思います。

お客様が全員帰られてから、お姐さんや箱屋さんたちが帰宅の途につきます。一方、花田さんと重役数名、女将さんと私たち三人は、内輪の慰労会を兼ねて、車で〈強羅環翠楼《ごうらかんすいろう》〉へと足を延ばします。手元に残っている写真には、楽しそうに観光している、はしゃいだ様子の三人が写っています。

第二章　芳町時代

繁栄を極めた日本橋人形町

接待というと、今は、高級料理店や、銀座、赤坂などのクラブが使われることが多いと思います。昔は、料亭にお客様を招待し、美味しい料理、芸者の一流の芸と接客でもてなすという文化がありました。今でも、新橋や浅草、神楽坂、そして京都などでその文化は受け継がれていて、東京で一番規模が大きいのは新橋だと思います。また、料亭のお座敷は、経済界、産業界、金融界などが一丸となって、日本を盛り上げていくための活発な議論が行われていた場所でもありました。

私は、東京六花街の一つ、芳町の芸者として、昭和30年から約八年過ごし

ました。ちょうど戦争で瓦礫の山となった町が復興していくさなかで、元気で勢いがあって、本当に素敵な時代でした。数えられないほどの呉服屋さんに履物屋さん、喫茶店が建ち並び、寄席の〈末廣亭〉、松竹や日活、名画座、大映、東映と娯楽施設がひしめき合っていました。銀座の旦那衆が遊びに行く町と言えば人形町、というほど華やかな場所。私が初めてお座敷に出た頃は、置屋が百五十軒、料亭と待合《まちあい》を合わせて百三十軒以上、芸者は四百人ほどいたと言います。

特に隅田川に架かる清洲橋のたもと一帯、中洲《なかす》には大きな料亭が数多くあって、夏でも涼しくて心地良い風がお座敷に入ってきました。昭和33年頃まで、隅田川はきれいだったんですよ。この頃、船は交通手段の一つで、川沿いには船着き場や船宿がありました。夜になると、川向こうは倉庫群で真っ暗、川面に浮かんだ満月の横を船が通って行く風景は、まるで絵画のようでした。日本人で良かったと思う、唸《うな》るほどの素晴らしい眺めでした。

料亭のたもとには、新内《しんない》流しの船がやって来ます。新内節は浄瑠璃《じょうるり》から派生した、三味線と語り（唄）の伝統芸能。流しは、お客様のご要望に応じて演奏します。一階のお客様が頼んだ演奏は、二階にも聞こえます。二階のお客様はただで聴けたので、今度は自分たちがと一階にお返しします。演奏の代金は料亭の帳場が用意し、仲居さんが窓から釣り竿を使ってやり取りしていました。ときには、お座敷に呼んで演奏してもらうことも。川風に乗って運ばれてくる三味線の音色、船の上で唄う姿、何とも風情のある光景でした。この新内節を受け継いでいる、富士松小照師匠とは親しくさせていただいています。今でも演奏会〈富士松小照の会〉を開かれたり、お弟子さんに教えたりして活躍されています。

この日本橋一帯のために尽力したのが、新田建設の社長、新田新作さんです。彼が、東京大空襲で焼けてしまった明治座や数々の料亭の再建に奮闘したおかげで、日本橋はいち早く復興しました。町の基礎を作ったと言えると思います。明治座の社長でもあり、力道山の後援者で日本プロレス協会の会長でもあり、有名な老舗百貨店白木屋乗っ取り事件で横井英樹さんと対峙《たいじ》した人でもある新田さん。私は実際に出来事を目にしたわけではありませんが、お座敷はよく彼の話で持ちきりになり、日本橋の人々が彼を慕っていたことを肌で感じていました。

昭和31年に亡くなられたとき、日本橋浜町の明治座から甘酒横丁までずらりと花輪が並びました。地元の人々の、新田さんへの感謝の気持ちがどれほどだったかわかりますね。

柳橋、浅草、深川、向島と同様に、土地の人たちには江戸時代からの花柳界という想いがあって、明治以降、政府関係のお偉いさんたちとは縁ができませんでした。そのため、官公庁に近い赤坂や新橋が花街として発展して、力を持つようになりました。

私がいた芳町は、銀行を中心に、主に経済界の人が多く来る華やかな町でした。そのご縁で、会社やホテルなどの開業披露パーティーによく呼ばれました。会場に文字通りずらりと並ぶ、お姐さんたちの華やかな姿を想像してみてください。

忘れられないのは昭和32年5月、お呼ばれで芳町の女将さんたちと一緒に行った、東京進出第一号となる〈有楽町そごう〉の開店披露パーティーです。このキャンペーンの宣伝文句だったのが〈有楽町で逢いましょう〉。フランク永井さんが歌った同名の曲は大ヒットしました。フランク永井さんと言えば好きなのが〈羽田発7時50分〉。羽田空港を最終便が飛び立つのが午後七時五十分なんて時代を感じますね。デビューしたての頃の曲〈場末のペット吹き〉は、俳優・鶴田浩二さんがカバーしています。お二人のお声の魅力とともに、哀愁漂うトランペットの音色、吉田正さんが作られたメロディーが懐かしく思い出されます。

東京の街が大きく変化して行く中で、特に有楽町一帯の盛り上がりは凄《すご》かったです。日本劇場で開催された音楽フェスティバル〈日劇ウエスタンカーニバル〉をご存じですか。出演者のミッキー・カーチスさん、平尾昌晃さん、山下敬二郎さんたちを目がけて、若い娘さんたちが殺到していたそうです。私たちはお座敷があるので、遠くから眺めていただけですけれど。

東京都千代田区にできた〈パレスホテル東京〉のオープンパーティーにも行きました。昭和36年10月のことです。こうした大きなパーティーには芳町だけで十五人、新橋や赤坂など各花街にも十人、十五人と大規模動員がかかります。

私たちは、お客様の飲み物に気を遣うのはもちろんのこと、芸事も会話もしっかり盛り上げるよう努めていました。ただ、私も含め、お姐さんたちは夕方からお座敷の仕事があります。なので、昼間のパーティーしか対応できません。でも、夜に開かれることも多い。そこで、コンパニオンと呼ばれる、綺麗《きれい》な女性たちを派遣する会社が登場するようになりました。世相に応じて新しい事業を考える頭の良い方というのは、いつの時代にもいるものですね。

失礼ながら、パーティーにいらっしゃるお客様はお座敷と違い、応対に厳しくはありませんでした。会話が上手でなくても構わないし、ましてや芸の修業をしていなくてもいい。美しく着飾って立っていればいいだけ。それでも仕事になるのですから、コンパニオンをしたい若い女性たちが集まってきたのは当然のことと言えるでしょう。

お客様にとっても、ちょっと作法が難しいお座敷よりも簡便《かんべん》に遊べるとあって、この辺りからクラブが隆盛《りゅうせい》になります。東京、大阪、札幌の腕の立つママたちが店を出したり出してもらったりで、やがて銀座は高級クラブがしのぎを削り合う凄い町になりました。こうしてお座敷文化は下り坂を迎えていったと思います。

昭和50年頃になると、日本橋、浜町、柳橋の町並みが、みるみるうちに商業地へと変わっていきました。置屋の跡地にビルが建ち、中央区の楓川、築地川がどんどん高速道路になっていく様子を見ながら、人はどうしようもなく時代に飲み込まれるものだと思いました。今では、土地の雰囲気も含めて残っているのは、新橋以外では向島と神楽坂だけでしょうか。

芳町も高度経済成長期以降、あれほどあった料亭が次々とビルに建て替えられてしまい、今はもう〈濱田家〉ただ一軒が残っているだけ。私が芸者として過ごしたのは、芳町がとても素敵な町だったとき、花柳界が一番華やかだったいい時代でした。

芳町あれこれエピソード

■マンボのおじさん

私がお世話になった見番は、今の人形町〈今半〉の東側、道一本越した先にありました。立派な建物の一階は事務所で電話がずらりと並び、常に何人もの事務員が詰めていました。二階は、百人は入れるほどの舞台付きのお座敷になっていました。見番の向かいには、常に十台くらい人力車が待機する車屋さんが。人力車を引く車夫さんは、足の速い人ばかりとは限りません。遅い人のことを芸者衆は何と呼んでいたと思いますか？〈マンボのおじさん〉です。そんな人の車に当たってお座敷に間に合わないと困りますから、移動はほとんどタクシーを使っていました。

■生まれて初めての――

仕込みっ子時代、叔母の用事に付いて行ったときのことです。待合で打ち合わせか何かしている間「ここで待ってて」と言われて部屋にいると、店の人が浜町藪《やぶ》そばの鍋焼きうどんを取ってくれました。その生まれて初めて食べた、鍋焼きうどんの美味しかったことと言ったら。蓋《ふた》を開けたときに立ち上る湯気もいい香りがしました。こんなに美味しいものが世の中にあるのかと感動した味は、今でも忘れられません。

■芸者は二食《にじき》でひじきに鮭半分

外ではお客様と一緒にいいものを食べるから、家での食事は慎ましいという意味で、こんな風に言われていました。本当にその通りで、家でのおかずは寂しいもの。その代わり、外ではお客様とあちこちのお店に行き、美味しいものをたくさんいただきました。

■忘れられない味

顔と言えるくらい通ったのが、お好み焼きの〈松浪〉。休みの日に仲間と連れだってよく行きました。中華料理と言えば〈人形町大勝軒〉です。皆が大好きな店で、私の好物は五目かた焼きそば、鶏そばでした。

洋食屋さん〈芳味亭〉では、お相撲さんが大きなステーキをペロリと平らげていました。お店は当時、今の場所から一本奥に入ったところにあって、古い日本家屋の階段をキシキシ言わせながら上っていくと、畳《たたみ》敷きのお部屋がありました。フォークとナイフではなく、お箸と一緒に日本茶と香の物が出されます。建物が変わっても、味は変わらないのは嬉しいものです。

■「あんた飲めないのね」

お座敷に出たての頃です。お客様と芸者衆と一緒にお芝居を観に行った帰り「お腹空いたー」「喉渇いたねー」などと言いながら、洋食屋さんかどこかに行きました。この頃は、まだ生ビールがなくて瓶ビール。注がれたコップ一杯のビールをきゅーっと飲んだ私は、そのままぶっ倒れてしまいました。

これで自分はお酒が飲めない体質であることがわかったんですが、後日、お座敷で盃《さかずき》一杯の日本酒を飲んでしまって。いい気分になった私は、そのまま家に帰って浴衣に着替えて寝てしまい、叔母に「芸者が七時半に帰って来て寝ちゃってどうすんの」と叱《しか》られました。

お相撲さんは食べる量だけでなく、お酒の量も半端ではありません。優勝部屋の宴席ともなると、一升瓶からコップに注がれる日本酒がどんどん空いていきます。私は、お酒が入ったままのコップを持ってなんとかやり過ごしますが、逃げ切れません。先輩芸者のお姐さんたちは、それに付き合ってきゅっと空けてしまうんですけれどね。だから、優勝部屋の宴席のお手伝いは遠慮していました。

お客様の中には飲まないことに文句を言う方もいましたが「若い子が飲めなくたっていいじゃないか」と言ってくださる方が多かったですね。仲間も「愛ちゃん飲めないから、私がいただくわ」とかばってくれました。

■草履で登山?

10月初めのこと、花田さんのお供で、秘蔵っ子三人組が長野県の上高地に行ったことがありました。そこがどんなところなのか知らないまま新宿駅から鉄道に乗り、松本に着いてから延々と車に揺られ、ようやく宿に着いたときにはすっかり真っ暗になっていました。しかも、ウールの着物に羽織を着ていても身震いするほどの寒さです。その晩は宴会をして就寝。翌朝、目が

長野県松本市の上高地にて。河童橋から明神池まで歩き、草履が駄目に

上高地にて、花田さんの会社の重役、芳町仲間と一緒に。右から2番目が愛子

当時はまだ珍しかったカメラを手に。上高地にて

覚めて部屋のカーテンを開けると、目の前にどーんと広がる穂高連峰が。その迫力と、こんな山の中まで来たのかという二重の驚きでした。

空気が美味しくて、景色はきれいでしたが、河童橋から明神池まで歩かされたのには参りました。歩道が整備された今でも、片道たっぷり一時間はかかる道のり。登山の服装をした人しか歩いていないのに、私は着物に草履です。新しい草履が駄目になってしまいました。でも、このとき以来、その後何度も訪れるほど、上高地は私の好きな観光地の一つになりました。

■恥ずかしさのあまり

私は仕込みっ子時代、新富町のとある料亭のお座敷に上がったことがあります。叔母が自分のお得意様である、三菱ふそうの社長さんに紹介するためでした。お客様の「何か歌ったら」という注文に困っていると、叔母に「何かおやり」と促されました。恥ずかしかった私は仕方なく、美空ひばりさんの〈リンゴ追分〉を、お客様に背を向けて歌いました。

■まるで美術館

料亭には、食器はもちろん、掛け軸や置物など逸品《いっぴん》ばかり飾られていました。「よく見ておきなさい」とお客様から、その価値を教えていただきました。一流の芸術品を目にできたことは貴重な体験でした。お膳やお椀は漆塗《うるしぬ》りで、大小いくつもの部屋がある、規模の大きな料亭ともなると相当な数ですから、片付けや手入れは大変だったと思います。

今も唯一残る〈濱田家〉は、建物自体も貴重です。そのほかのたくさんの素晴らしい日本家屋の料亭が取り壊され、なくなってしまったのは悲しいことです。

■どかされた手

あるお座敷でのこと。無意識に隣のお客様の膝《ひざ》に手を置きながら、向かいのお客様や仲間と話をしていると、その方が私の手をどかすんです。気づかないうちにまた手を置くと、またどかされます。何度か繰り返した末におっしゃったのが「君、僕の膝に手を置かないでくれ。冷たくってそこだけ冷えてかなわないよ」。手が冷たいのは今でも変わりません。

■お座敷のあとは

お座敷のあとにお客様にお供して行くのは、〈コパカバーナ〉や〈ニューラテンクオーター〉といった、赤坂の高級ナイトクラブでした。当時は、青山の〈青い城〉、マヒナスターズが出演していた〈日比谷イン〉など、生バンドが入ったナイトクラブがたくさんあったんですよ。デヴィ夫人が働いていたことでも有名なコパカバーナは外国のお客様が多く、岡田眞澄さんがよく司会をされていました。ニューラテンクオーターでその美味しさを覚えたのは、春巻きと焼きそばです。

ナイトクラブにご一緒するのも仕事です。翌朝、お座敷の帳場に電話をして、帰宅した時間を伝えました。

■正式な宴

お客様が全員宴席にお着きになると、一番先輩の大お姐さんから一人ずつお膳を運び、上座のお客様から順に右、左、右、左と置いていきます。これが正式な宴席での作法です。お膳を目の位置くらいの高さに持ち、静々と運ぶ列は美しいものです。

お膳には、ピースやホープといったたばこも置いてありました。昭和30年代前半は、ビールはあまりなかったと記憶しています。徐々にウイスキーの水割りセットが置かれるようになりましたが、お座敷ではやはり日本酒。それをお猪口《ちょこ》ではなく盃でいただきます。盃には少ししか入らないので、徳利《とっくり》で注ぐのも、受けるのもなかなか難しいんですよ。一滴も飲めない私でも、徳利から聞こえる「トクトク」という音は好きでした。お客様全員にお酌し終わってから乾杯、そして開宴です。

■お正月と言えば

一般的に引き着《ぎ》、〈出《で》の着物〉と呼ばれる裾《すそ》の長い黒い着物に黒い下駄、これが芸者の正装です。下駄には誰のかわかるように、白い字でそれぞれ名前が書いてあります。引き着は一人では着られませんから、箱屋さんに着せてもらいます。髪は、普段は洋髪ですが、正装のときはもちろん日本髪の鬘《かつら》です。引き着を着るとき襟《えり》を大きく抜くのは、日本髪の髱《たぼ》と呼ばれる後頭部の下の部分が長く、襟に当たってしまうからなんです。この大きく抜いたところが、お正月にあるものを入れる場所になります。

引き着は余興をする人（踊る人）が着るもので、それ以外では、お正月のある期間だけ着ます。年が明けると、お客様は新年の祝いとして料亭に顔を出し、お年玉を置いて行ってくださいます。祝儀袋に入れられたお年玉が三宝《さんぽう》に積んで置いてあり、そこから女将さんが私たちに渡してくれます。このあちこちでいただいたお年玉を入れておく場所が、襟を大きく抜いた背中。着物を脱ぐまで絶対に落ちませんし、たくさん入るので一番適しているんです。家に帰って帯をほどいたとき、裾から落ちる祝儀袋を見るのが、お正月の楽しみでした。

■桜もちがお酒のつまみに⁉

隅田川の川風が気持ちのいい季節になると、屋形船に乗りたいと言うお客様が多くなります。「今日はお船もあるから」となると、そのお座敷の芸者はお供をしなくてはなりません。でも、七時半過ぎから船に乗るとあとくちに間に合わなくなってしまうので、実は仕方なくという感じだったんですけれど。清洲橋のたもとから乗って〈長命寺桜もち〉を買って戻ってくるのがお決まり。帰りには必ず、籠詰《かごづめ》の桜もちを一人一つ、お土産に持たせてくれます。次のお座敷にそれを持ったまま行き、みんなで分けて食べたり、籠ごと誰かにあげたり。これが毎日のようにあります。江戸時代から続く長命寺桜もちでも、私たちにとっては飽きてしまうほどでした。

通のお客様は、何と桜もちの皮だけを生姜醤油につけて召し上がります。

お酒のつまみに合うのだそうです。日本酒好きの方、機会があったらやってみてください。当時は店の前に緋毛氈《ひもうせん》が敷かれた縁台があって「お酒とつまみを頂戴《ちょうだい》」と言うと、日本酒と一緒に餡《あん》抜きの桜もちの皮が出てきたんですよ。今では、そんな酔狂なことを知っている店員さんはいないでしょうね。

■オリンピックブーム

都内のあちこちを走っていた都電が徐々に廃線になり、地下鉄に切り替わっていった頃の話です。人形町の交差点で日比谷線と浅草線、二本の地下鉄工事がありました。当時は今と違い、地表から縦に穴を掘っていって、その中にトンネルをつくって埋め戻すという工法でした。杭打ちの事故で水道管を打ち抜いてしまって、そこら中水浸しになったり、あるときはガス管も打ち抜いて火柱が立って大騒ぎになったり。工事を請け負っていた会社の人は、問題が起きたときすぐに駆けつけられるように、工事現場に近い〈濱田家〉で待機。私たちも一緒で、お酒も出ます。今では考えられませんね。

この頃は、昭和39年の東京オリンピックに向けて、地下鉄の整備、首都高速道路の建設、新幹線開通と日本中が沸き立っていました。お座敷にいらしたお客様の中に、東海道新幹線開通プロジェクトに関わっていた方がいました。東京から大阪まで四時間で行けるという話を聞いて、想像もできない速さだと思ったのを覚えています。

花柳界のお話、いかがでしたか？　芸者というと、いわゆる夜の仕事というイメージがあるかもしれません。そのためか、過去を封印して生きている人もいます。私たちの仕事は、日本の伝統芸能をきちんと身につけ、お座敷ではそれらの芸を披露して宴席に花を添え、お客様をもてなすこと。だから、芸の不得意な人は肩身の狭い思いをしたものです。

終戦直後は、好きでもない人と無理やり結婚させられて、芳町に限らず泣いた人はずいぶんいたそうです。料理屋の若旦那と恋仲になり、結婚を認めてもらえなくてガス管を口にくわえて自殺してしまったという悲しい話もあ

某証券会社の顧客向けパンフレットでモデルを務める。笑顔がぎこちない

ります。一方で、立派な家柄に嫁いだり、関取と結婚したりして、子宝にも恵まれて幸せに暮らしている人はたくさんいます。華やかさと背中合わせの厳しい世界であり、仲間同士の絆が深い世界なのです。

私は、夢など何も持てないような状況から一気に目の前が開けていき、花柳界に入って良かったと思っています。それまで行ったことのない場所に行くことができましたし、食べたことのない美味しいものが食べられて、芸を高め合う仲間がいて幸せでした。一方的に好意を寄せたまま終わってしまった恋もありましたが、嫌な思いをしたことはありません。

母や兄たち、叔母・咲子、家族の愛情にも包まれながら、明治生まれの紳士、気骨があって素敵なお客様にたくさん出会い、育てていただきました。また「こういう女性になりなさい」とお客様に教えられた、いくつものお座敷を一人で仕切る女将さん、先輩お姐さんたちの仕事ぶりから多くのことを学びました。芳町に行っていなかったら、銀座千福に四十年勤めた私も、たくさんの友だちに囲まれて幸せに生きる今の私も、いなかったと思います。

第三章　千福一杯いかがです

花柳界を去る

楽しい毎日を過ごすうちに、気づけば二十七歳。年齢的にはまだ絶頂期でしたが、綺麗どころと言われる若い時期は過ぎてしまい、将来を考えるようになりました。

この数年の間に、私は年の離れた男性に恋をしてしまいました。今思うと、会うことができなかった父の姿をその方に求めていたように思います。勝手に舞い上がり、儚《はかな》く散った恋。事の経緯を友だちに話すこともできず、私の心は町を去ることを求めていたのです。

世の中がオリンピック景気に沸き始めた昭和37年頃、終戦直後から暮らしてきた芳町（今の中央区人形町）の叔母の家を、土台から修繕しようという話が出ました。「それなら料理を出せる店を二人でやったらいいじゃないか」。叔母の旦那・広瀬さんのこの提案で、家を改築して小料理屋を始めることになりました。

銀座の〈スコット〉という高級レストランのオーナーだった広瀬さんは、叔母のことはもちろん、私たち兄妹のことも優しく見守ってくださいました。とても粋《いき》な方で、清元《きよもと》（浄瑠璃）の名人でもあった彼は、銀座に店を構える旦那衆の集まり、銀水会に入っていました。その仲間の一人、油井さんが店の設計や工務店、板前の手配までいろいろとやってくれました。一階は七人が座れるカウンターと奥に叔母の部屋、二階は十畳の部屋と私の四畳半、階段の下には三畳ほどの小上がりという造り。店の名前は、家の電話番号の下四桁一七二九から思いついて〈以な福《いなふく》〉と私が名付けました。

こうして私はお座敷の仕事から身を引いたのです。

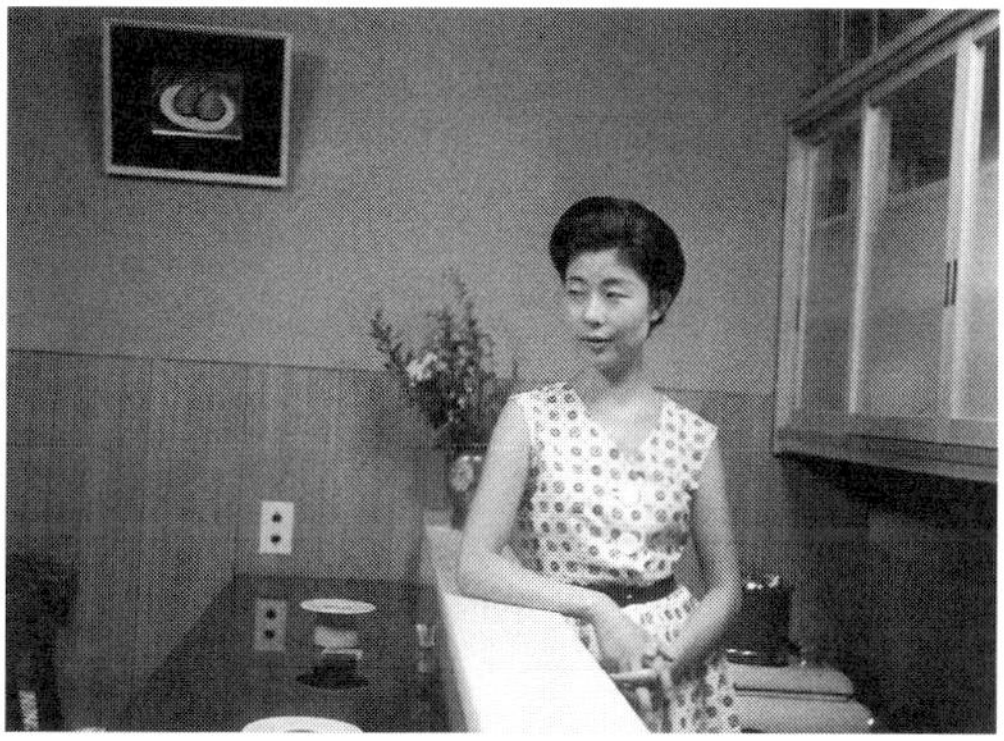

できたばかり、開店前の以な福のカウンターでポーズをとる愛子

お正月を迎えた、以な福の前で

昭和39年、日本中が盛り上がった東京オリンピック。10月10日の開会式当日のことは、よく覚えています。この日、集金で千代田区麹町の日本テレビまで行くのに乗った路面電車では、通常よりも大きな記念切符が発行されました。青空に映える、ブルーインパルスが描いた五輪マークがとてもきれいだったのも覚えています。

その後、おかげさまで以な福は、私の友だちや芳町時代のお客様、叔母の知り合いなどで毎日のように賑わい、板前さん一人と接客係一人を雇っても十分にやっていけました。しかし、問題が一つ。叔母と私の、接客に対する考え方に食い違いが出たのです。

当時、車と言えばハイヤーのこと。特に重役のお客様が帰られるときはハイヤーを頼むのが当たり前なのに、叔母は「ハイヤーなんて。タクシーで帰ってもらいなさい」と受け付けません。食後に新鮮なフルーツを出したくて板前さんにお願いしても「フルーツなんて仕入れなくていい」と私がやることすべてに小言を言います。仕舞いには、昼食に卵かけご飯を食べていると「旦那に取っておいた卵なのに」と嫌味まで言われる始末。女同士のこのかけ合いには、もう笑ってしまいます。

お座敷の仕事で生きてきた叔母と、花柳界をまったく知らない母。二人は同い年でありながら対極の人生を過ごしてきました。その間に立って、二人を常に見比べてきた私がいました。

父が亡くなってから、戦中戦後と私たち家族を助けてくれた叔母。何より十三歳から身を挺《てい》して羽根田家のために生きてきた、叔母への恩は一生忘れない。でも、そのしがらみに縛られたまま生きて行くことはできない、そう考えるようになりました。

考え方の違う叔母とのやりにくさが、顔に出てしまっていたのでしょう。ある社長さんを表通りまで見送ったとき「愛子、今度会社に遊びにおいで」とだけ、そっと私の肩を叩いておっしゃいました。その優しい言葉に思わず涙が。わかってくださる人はいるんだと知り、救われました。

そんな頃、お客様の一人、新聞社に勤める小山さんとの間に結婚の話が出ました。でも、小山さんとは真剣なお付き合いとは言えませんでしたし、正直に言ってしまうと、すごく好きというわけではなかったんです。ただ、この話を受け入れて店を辞め、叔母から離れようと思いました。夜中、私の部屋に来て「頼むから辞めないで。お店は愛子の好きなようにやっていいから」と頼む叔母に「もう決めたことだから」と伝えました。

こうして昭和40年1月、迎えに来てくれた母と、叔母が買ってくれた早水《はやみず》の桐簞笥《きりたんす》と一緒に、南蒲田にある実家に帰りました。

帰ってからは、以前から患っていた甲状腺の手術を受けたり、月に一度くらい小山さんと会ったりしながら過ごしました。そして、一年半ほど経った頃、以な福のお客様だった黒瀬誠治さんから「愛子ちゃんに聞いてほしい話があるから、ちょっと会えないか」と電話をもらいます。話を聞いてみると、新しくできる瀬戸内料理の店〈銀座千福〉を手伝ってくれないかというお誘い

東京都江東区の清澄庭園にて

洋装の愛子

熊本県阿蘇にて

でした。ありがたいお話でしたが、即答はできませんでした。なぜなら、生き方を変えるつもりで花柳界、芳町から去ったのに、一年ちょっとで同じ接客業に戻ることは、叔母や仲間に対して気がとがめたからです。

何度も電話で口説いてきて「三か月だけでもいいから」と誠治さん。でも、そんな中途半端に引き受けるわけにはいきません。他人様《ひとさま》が見ています。ついに「本当はやりたいんでしょ」という彼の言葉に、私はその気になってしまいました。人と接するのが好きな性分なんですね。

その後、お兄さんの黒瀬日出男さんに呼び出され、銀座東急ホテルで詳しい話を聞くことになりました。九州男児の彼は呉の水産会社に見込まれ、株式会社銀座千福の常務として開店準備に奮闘していました。九州弁の黒瀬さんと江戸弁の私が、ホテルのロビーでやり合ったのを今でも懐かしく思い出します。「銀座六丁目の昭和通りにお店を出すって?」「そうそう。工事も始まっちょる」「周りに店なんか何にもないところよ。そんなところに客が来るの?」「これからの場所じゃ」そんなやり取りの末、私は社員として銀座千福に入社することになりました。

　とは言っても、結婚を理由に以な福を辞めたので「叔母に断りを入れないと」と伝えると、日出男さんと誠治さんの二人で芳町まで一緒に挨拶に行ってくれました。この頃、叔母は常磐津《ときわづ》の仲間と店をやっていたようですが、上手《うま》くいっていなかったのでしょう。「店は畳んで、この場所は貸すつもりだ」と少し寂しそうに話しました。

　結婚のこともあったので、私は父方の叔父に相談しに行きました。すると叔父は「その店に勤めるのがいい。お前は結婚に向いていないからやめておけ」とひと言。このとき、私の心は決まったように思います。

　開店した翌年の私の誕生日、ケーキを持って店に来てくれた小山さんに「仕事に専念したい」とお話しして結婚をお断りしました。すっかり仕事が楽しくなっていたんです。それに、一度も小山さんのご家族に紹介してもらえていない、自分自身結婚にあまり夢を持てていない、そんな思いもありました。あのまま結婚していても、きっとうまくいかなかったでしょう。彼の友だちには恨みがましいことも言われましたが、二人の間にわだかまりはなし。彼とはそれきり会っていません。

愛子三十歳。生まれ年の干支は、三十六歳で亡くなって無念だったであろう父と同じ九紫《し》の丑《うし》。仕事に生きる道を選ぶなんて、父のあとを生かされているように思えてならないのです。

芳町から銀座へ

銀座千福の社員になったのは、私が最後でした。常務の黒瀬日出男さんを中心に、板前さんが三人、広島から来た客席を担当する女性が二人、それに私を入れた七人です。働きはじめた頃「いい旦那ができたね」と言う人がいましたが、とんでもない、私は銀座千福に就職したんです。

入社した頃は、店の内装工事がほぼ終わっていました。ビルの地下の機械室を改造して造られ、広さは三十八坪と小さな店ですが、十人座れるカウンターの奥が調理場になっていて、反対側には六、七人ほどが座れる小上がりが、その奥に十数人が座れる座敷がありました。お手洗いは、構造上四段ほど階段を上がるのですが、土足でよろしいのに、わざわざ店内用サンダルを脱いで揃えるお客様がときどきいらしてびっくりしました。

千福のメーカー三宅本店からは、店で出すお酒〈千福〉の名が入った看板やお銚子、湯飲み、灰皿などが提供されました。また、味の素の社員の方が、築地市場でいい商品を扱う珍味屋さんや豆腐屋さん、八百屋さんなど食材関係すべての専門店を紹介してくださいました。

以な福での経験もありましたし、料亭の女将さんたちのさりげない気遣い、

〈銀座千福〉創業時のスタッフと

東京・銀座６丁目にあった
銀座千福の入り口に立つ、
当時の客席担当

手際の良い仕事ぶりを間近でずっと見てきましたから、接客について不安はありませんでした。板長さんは、初めてお客様の前で調理することに緊張気味。石川県金沢の老舗料亭で修業した腕のいい人で、その大先輩の道場六三郎さんは、毎日のように築地の帰りに寄ってひと休みしていました。客席担当の女性二人は、その年に高校を卒業したばかりで、おしぼりの出し方から一つひとつ教えました。

何もかもが一からはじまる店に、それぞれ期待に胸を膨らませながら迎えた開店初日、昭和42年9月12日は、あいにくの台風。それでも芳町時代のお客様が「今日は大変だよ」と長靴を履いてびしょ濡れになりながらも来てくださいました。嬉しかったですね。

瀬戸内料理と銘打つ銀座千福は、毎日呉の市場から飛行機で運ばれて来る魚を、千福と一緒に楽しんでいただく店です。空輸される魚は、鰤《ぶり》、鯒《こち》、鮃《ひらめ》、太刀魚《たちうお》、白魚《しらうお》など、地元で獲れた新鮮なものばかり。呉では鮪《まぐろ》は揚がりませんから、出したことがありません。

冬は河豚《ふぐ》が評判で、ふぐちりのあとの雑炊は絶品でした。河豚に負けずと人気だったのが、鱧《はも》。まだ東京で鱧を出す店などどこにもない時代に、うちの板前さんは鱧料理には欠かせない骨切りができました。シャリシャリという骨切りの音が懐かしいです。「千福に来ないと鱧は食べられないからな」と多くのお客様が毎年楽しみにしていらっしゃいました。

広島と言えば、牡蠣《かき》ですね。呉で一番の牡蠣が、むき身で送られて来ます。お好みに応じて牡蠣フライもお出ししていましたが、その味を堪能できる酢牡蠣がお薦めでした。


料理以外の特徴は品書きでしょう。うちの品書きは、季節の魚の名前が書かれた扇子《せんす》です。魚の名前が書いてあるだけで、値段は書かれていません。お客様が召し上がりたい魚を、板前さんのお薦めや注文に応じて調理します。決して安くありませんでしたが、それでも新鮮な魚料理が評判を呼び、開店

「週刊アサヒ芸能」に掲載された、映画評論家・荻昌弘さんと愛子の写真。荻さんが手にしている扇子が銀座千福の品書き。季節の魚の名前だけが書かれている

から二か月ほどは静かだった店が、気づけば毎日たくさんのお客様で賑わっていました。

また、開業に合わせて店で撮った、映画評論家の荻昌弘さんと私の写真が週刊誌「アサヒ芸能」のグラビアページに掲載されて話題となり、人気に火が付きました。

国立小劇場の舞台に上がる

最初の店が開店して一年経った昭和43年、叔母から「あなたの師匠が常磐津松寿《しょうじゅ》を名乗ることになって、そのお披露目の舞台に、愛子にも出てほしいって言ってるんだけど」と電話がありました。常磐津のお稽古を辞めてすでに五年。しかも、舞台は国立小劇場です。とんでもないと最初は断りましたが、どうしてもと言われて結局出ることに。それから毎日、店の休憩時間に築地のお稽古場に通いました。

披露した演目は、歌舞伎の演目としても有名な〈将門〉。将門の娘・滝夜叉姫《たきやしゃひめ》が妖術使いとなって、父親に代わって天下を狙《ねら》うというお話です。上調子が五代目・常磐津八百八《やおはち》さん、本手は叔母、その隣に私が座り、脇に常磐津勢寿太夫《せいじゅだゆう》が並んでくださいました。勢寿太夫は、今では常磐津駒太夫《こまたゆう》を名乗って活躍されています。

このお稽古の帰り道に見つけた、工事現場の仮囲いに貼られていたマンション販売の看板。店に歩いて行ける利便性、一人暮らし向きの間取りなどが気に入って購入しました。昭和46年に入居し、今もそこに住んでいます。銀座千福時代は寝に帰るだけの部屋でしたが、八十六歳の今となっては、生活の軸となる自分の居場所があって良かったと思います。

私は今でも音楽が好きで、とりわけ邦楽には深い想いがあります。でも、

国立小劇場の舞台に上がった31歳の頃、最初の銀座千福の座敷で従業員と。前列左端が愛子

東京・銀座6丁目、最初の〈銀座千福〉で

国立小劇場の舞台に上がって以降、女将修行をしていた四十年間、好きな常磐津のお稽古からは遠ざかっていました。それが、ふとしたきっかけで、重要無形文化財保持者の常磐津東蔵《とうぞう》先生に巡り会ったのです。自宅近くの蕎麦屋に行ったとき、二階から三味線の音が聞こえてきました。聞けば、お稽古をしているとのこと。懐かしい音色に心惹《ひ》かれて二階に上がり、仁義を切って「八百八先生のところにいました」と伝えると「ぜひまたお稽古にいらっしゃい」と言っていただき嬉しくなり、お稽古場が近かったこともあって通いはじめました。不思議なご縁を感じずにはいられません。そこでは、常磐津文字絵《もじえ》さん、文字東久《もじとく》さんをはじめ多くの方と出会い、稽古仲間として今もお付き合いしています。

まるで企業の御用達

株式会社銀座千福の社長は当初、呉中央水産の方で、黒瀬日出男さんは常務、そのほかに呉市の方が何人か役員として名前を連ねていました。開店してから一年ほど経つと、役員たちがあれこれと店のことに口を出すようになったようです。大手企業に贔屓にされる人気店に、自分たちももっと関わりたいと考えたのでしょう。しかし、一番大事な従業員が働きやすい環境を守りたいと、黒瀬さんは自分で銀座千福の株をすべて買い取って社長に就任されました。その決断に、私は男気を感じました。

店はその後も順調で、さまざまな企業の方が来てくださいました。隣のビルだったこともあって、昼になるとリコーの社員さんがぞくぞくといらして、まるで社員食堂のようでした。開店の翌年、近くに越して来た日産自動車の方もよくいらっしゃいました。うちから一番近い昭和通りの交差点には、日産が来たことで信号が設置されたんですよ。
　銀座五丁目にあった本州製紙や、店の周辺に多かったテレビ局の支局の方々、旭通信や第一企画、電通といった広告関連会社、朝日新聞社、新日鉄や松下電器、味の素、東洋製罐、清水建設、商社の方々。特に、三菱電機、中外製薬の方々はよく利用してくださり、秘書室の方とも親しくなりました。私は歌舞伎の皆さんと交流があったので、ある会社の秘書の方から電話をいただき、襲名祝いはどうしたら失礼がないかと相談されたこともありました。

　日本電信電話公社（当時）の方は、箸袋に書かれた電話番号を見て「電話帳に広告を出せば電話番号を換えられますよ。千福だから一〇二九にしたらいいじゃないですか」と教えてくれました。開店して、確かまだ数か月のときだったと思います。箸袋から名刺まで全部印刷し直し。このことを知った三宅本店も一〇二九に換えられました。メーカーよりもうちのほうが先だったんです。銀座千福の番号は今、歌舞伎座近くのとんかつ屋さんが使われています。

たまたま食べに行ったときに知り、思わずお店の方に話して盛り上がりました。

お客様は、銀座周辺に新しく出来たお店を紹介してくださることもありました。そのひとつ中華料理の〈銀座楼蘭《ろうらん》〉は、新年会など銀座千福社内の会食に度々利用させてもらいました。次兄・米男もここの味が好きで、二人でもよくお邪魔《じゃま》しました。店長の石川さんとは、お店が移転再開した今も親しくさせてもらっています。

当時は〈付け《つけ》〉が当たり前でした。皆さん、すっと名刺を置いて帰って行かれます。あとで伝票に書き起こし、各社ごとに数日分をまとめて請求書をお送りして振り込んでいただきます。一度、ある会社にほかの会社宛ての請求書も一緒に入れて郵送してしまったことがありました。電話してその旨を伝えると「千福さんの請求書でしたから、払っておきましたよ」と。今では考えられませんね。

昭和40年代、50年代は、一歩でも欧米に近づこう、世界と肩を並べる国にしようと、皆ががむしゃらに働いていた、鷹揚《おうよう》な時代でした。

また、この頃で忘れられないのが、お酒の変化です。日本酒一辺倒だったのが、ある日突然「女将さん、スーパードライ！」。一気にビール、そして焼酎へと変わっていきました。皆、一斉に流行に乗って嗜好《しこう》を変える風潮に、正直、日本人って何なのと驚きました。

千福一杯いかがです

著名な方もたくさんご来店くださいました。写真家の篠山紀信さん、映画字幕翻訳家の戸田奈津子さん、女優の三田佳子さん、舞踊家の二代目西崎緑さん、プロ野球の落合博満さん、日本女子プロゴルフ協会の皆さんといらしてくださったプロゴルファーの樋口久子さん、マラソンの小出義雄さんなど。

落合さんに「いらっしゃいませ」とおしぼりをお出しすると「ちょっとい

いですか」とそのおしぼりを取って、急に離れた壁に投げつけました。なんと、ハエを一発で仕留《しと》められたんです。皆「流石《さすが》だなあ」と言っていました。店の名誉のために、いつもハエが飛んでいたわけではないことを付け加えておきます。

よくいらしてくださったスポーツ選手で忘れられないのが、馬術競技でオリンピックに出場された法華津寛《ほけつひろし》さんです。最後にお見えになったときのこと。カウンターの端に法華津さんが、反対側には新日本製鐵の副社長（当時）木村さんが座っていらっしゃいました。食事が終わり、食後のお茶も飲み終えた木村さんが、壁に掛けてあった背広の上着をご自分で取って「それじゃあ」と先に店を出られました。私は、いつものように表まで見送りに。しばらくして法華津さんが席を立たれ、帰ろうとされました。しかし「あれ、私の上着がないけれど」。そこに残っていたのは、木村さんの上着だったのです。「明日お届けします」とは言えず大慌て。会社に電話をして木村さんの社用車を探してもらい、神楽坂にいるところで連絡がつき、運転手さんが「誠に申し訳ございません」と届けてくれました。その間、お茶以外に法華津さんにお出しするものなどなく、私は上着が届くのを今か今かと待ちながら、とても恐縮していた記憶が鮮明に残っています。法華津さんはお怒りになることもなく、笑ってお帰りになったのでほっとしました。

女優・藤山直美さんが、新橋演舞場で行われた鬼平犯科帳の公演後にいらしたときのこと。「今、鬼平犯科帳を観て来たんだよ」と話すカウンター席のお客様の声に、藤山さんが座敷の一番奥から上がり框《かまち》まで飛んで来て「ありがとうございました」と両手をついて挨拶されました。一流というのは、こういうことなんだと感服しました。そのお客様も「舞台、良かったですよ」と思わぬ出来事に嬉しそうでした。

第二次世界大戦が終結して二十九年経って、フィリピンから帰還した小野田寛郎《ひろお》さんがいらしたときには驚きました。朝日新聞の方が連れて来られて、どの料理も「美味しい」と言って召し上がっていらっしゃいました。

ほかにも興味深いお客様と言えば、菅直人さん、枝野幸男さん、仙谷由人《せんごくよしと》さんの三人。民主党政権時代のことが思い出されます。

日本酒をこよなく愛した詩人のサトウハチローさんは、なかでも千福が大のお気に入りでした。店にも晩年までいらしてました。サトウさんを会長とする、千福を愛する〈福の会〉というのがあって、いずみたくさん、吉岡治さん、清水みのるさんなどそうそうたる面々が、三宅本店と先代社長を応援していました。

サトウさんは「千福一杯いかがです」の歌詞で有名な、千福のコマーシャル曲〈グラスをのぞくフラミンゴ〉をいずみさんの作曲で作られました。この曲を歌って、テレビコマーシャルに出演されたダークダックスさんも先代社長の友人で、常連でした。ほかにも千福を題材にした詩をたくさん遺されていて、平成8年に三冊から成る〈千福詩集〉として三宅本店から発行されています。

外から帰る時は
千福千福と
つぶやいて歩く

◇◇

夏草に
千福をそそぎ
ひとり唄う

◇◇

千福の
樽酒のうまさ
枡でのむうまさ
みぞれや吹雪や

氷雨もこい
毎晩のんでは春を待つ

サトウハチロー

お客様全員に寛《くつろ》いでいただき、お酒と料理を楽しんでもらいたくて、私は分け隔てなく接することを心がけていました。社長でもその会社の社員でも、常連さんも初めての方も。特定の人を特別扱いすることはありません。第一、目が回るほどの忙しさで、店の中を泳いでいるという表現がぴったりで、一人の人だけに構ってなんていられませんでした。特に若い頃は「ママは冷たいな」「自動販売機みたいだな」などとからかわれたこともありました。

好きな観光地の一つ、京都にて

第四章　青春グラフィティ

魅力あふれる昭和の紳士たち

銀座千福は、お酒と料理はもちろん、従業員も含めて店全体をお客様に愛していただいたと思います。板前さんは閉店時間になると「行くぞー」とお客様に飲みに連れ出されることはしょっちゅうでした。

「この店なら安心だから」と大事な取引先を連れて来てくださったり、その方が今度はお友だちを連れていらしたり。お一人おひとりとのお付き合いを大切にしていると、ご縁というのは広がっていくんですね。お客様には感謝の気持ちしかありません。

ここで、中でも思い出深い四人のお話をしたいと思います。

昭和 58 年、東京・銀座 7 丁目、木挽町の銀座千福が開店した日。お気に入りの藤色の着物姿で

お正月、山王の日枝神社の樽飾りの前で。千福は毎年樽酒を奉納していた

お一人目は十年来のお客様で、東京出張の度に来てくださる、ある会社の社長・広瀬さんです。「どこどこの料亭よりも美味しいね」と言って銀座千福を気に入ってくださり、新橋の待合に、うちから料理を届けたことも幾度となくありました。

ある日「何だか寂しそうだね。お茶でも行かないかい」と誘われました。初めてのことに少し戸惑いながらも、店が終わってからご一緒しました。物静かな方で、会話が弾むという感じではありません。間がもたなくなってしまって何の気なしに「世の中何が起こるかわかりませんね」と切り出し、蒲田でプラスチック成型の工場を営む長兄・弘の会社が取引先の不渡りによって損失を被ってしまったことを話しました。広瀬さんは、真剣に話を聞いてくださいました。それから三日後「明日、午後二時半にお兄さんと来てください」と連絡がありました。障がいのある弘の代わりに、次兄の米男と二人で宿泊されている銀座の〈東急ホテル〉に行くと、部屋には広瀬さんのほかに専務と経理部長、東京支店の方が。いくつか質問されたあとに社長がおっしゃったのが「とりあえず、どのくらい用立てればよろしいですか?」。

まさかそんな話になるとは思ってもおらず、兄も私もびっくり。結局五百万円お借りすることになり、翌日には振り込んでくださいました。

後日広瀬さんが「蒲田に連れて行ってほしい」と言われ、私を伴って工場の二階にあった羽根田の自宅を訪れて、弘と母にも会ってくださいました。「愛子さんは親思い、兄思いのいい子なんだね」と帰りのハイヤーの中でおっしゃった言葉が、何だかとても嬉しかったです。

それからも「融資するだけでは駄目だろう。仕事でも応援しないと」と何度も仕事の話を持って来てくださったとのこと。ただ、兄の小さな工場では受けられないほどの大きな仕事で、お断りせざるをえなかったようです。

お二人目は、いろいろとよくしてくださった、こちらも地方のある会社の社長・山田さん。

三宅本店の社員の方々

木挽町の銀座千福で板前修行中の甥と

山田さんの会社は旅行会社と年間契約を結ばれていて、社員は一年中いつでもどこでも、家族とでも友だちとでも旅行に行けるようになっていました。私にも「いつでも使っていいから」と、一度目は母と叔父とともに鳴子温泉へ、二度目はお座敷時代の友だちと、その娘の三人で伊勢志摩へ行かせてもらいました。私が骨折して入院したときは〈日本橋髙島屋〉に頼んで、パジャマやガウンなど、入院に必要なもの一式を届けさせてくださいました。でも、山田さんとは手すら握ったことがなく、男女を越えた友人以上の特別な関係が成り立っていたんです。

あるとき、自宅のお風呂場を改修工事することになって「二、三日洗面台も使えなくなるから、どうしようかと思ってるの」と話すと「それなら僕が泊まっているホテルに来るといいよ」とおっしゃいます。折角のお申し出なので「それなら、一食一泊お世話になろうかしら」と常宿にされていた〈帝国ホテル〉の社長の部屋へ。ツインだったので「私はこちらのベッドで寝ますね」と言うと「君には別に部屋を取ってあるから、寝るときは向こうで寝なさい」と追い出されてしまいました。

社員の方に、お昼は社長室でいつも一人で食べていると聞いたことがあり、彼が気楽に話せたのは、私だけだったのではないかと思います。銀座千福にはたくさんの社長が来てくださいましたが、お話を伺っていると、どなたも心に孤独を抱えているようでした。山田さんは不満を口にするような方ではありませんでしたから、本当のところはわかりませんが、人はやっぱり人と関わることで幸せを感じられるのでしょう。

青春の思い出

第一章で少し触れた、天ぷら屋〈味覚〉の長男・森繁さんと次男・孝さんのお話をしましょう。彼らとその周りの話には事欠きません。まずは出会い

天ぷら屋味覚の前。後列右端が愛子。左端は人気芸者、登代君さん

25歳の頃

の経緯から。まだ私が若手の頃のことです。

中央区八重洲三丁目にあった味覚、その隣の寿司屋、近くの氷屋などの若旦那たちは皆、幼馴染み。ある日、私の親友の一人、秀葉さんに呼ばれて〈藤村屋〉という浜町にあった料理屋に行ってみると、お座敷にその若旦那たちがいました。

「話しかけてもずっと黙ってるのよ」と秀葉さん。皆さん初めてのお座敷だったようで、側に寄って行くと後退りしてしまいます。普段お座敷のお客様は五十代、六十代といった年配の方が多い中、私たちと同年代という若いお客様は珍しく、若旦那たちがお座敷に来る度に同年代の芸者が集まってきて、いつしか仲良し集団が出来上がり、お座敷の外でも遊ぶようになりました。


この仲間との一番の思い出は、秋川渓谷への日帰りバス旅行です。

バスは、〈明治座〉の前から出発。叔母の咲子が炊いてくれた松茸ご飯を持参した私に対して、氷屋さんが持って来たのは、大きな氷三つ。それをどう

誕生パーティーに集まった、八重洲の若旦那たちと芳町の仲間たち

するのかと思ったら、川の中に置いてビールを並べて冷蔵庫代わりに。その発想に驚きました。河原に二つ三つと用意された七輪や鍋で、若旦那たちが次々と料理してくれます。話が合う仲間と自然の中で食べた、すき焼きの美味しかったこと。いわゆる学生時代がなかった私にとって、この楽しかった時間はまさに青春の思い出です。

親友の照駒、本名・末子さんもこの仲間にいて、孝さんのひと目惚れで二人の恋愛物語がスタートします。思い出深い紳士三人目の森繁さんのお話をする前に、このことを少し。

末子さんはとっても綺麗な方でした。俳優・鶴田浩二さんのお気に入りで、彼は本気で一緒になろうと思っていたようです。でも、彼女は孝さんのことが好きで、鶴田さんと行くはずだった旅行の直前に姿を隠すという大事件を起こします。芳町きっての売れっ子さんの行方不明事件に、周りは大騒ぎ。結局、一週間以上行方がわかりませんでした。

すったもんだの挙げ句、末子さんと孝さんは結婚するのですが、結婚話が円滑に進まなかったのは、末子さんのご両親が彼女に頼り切って生活していたから。末子さんを嫁にもらうということは、彼女のご両親も一緒に引き受けるということ。結局、兄の繁さんが二人の結婚を認めたことで、森家のご両親も受け入れました。

俳優・鶴田浩二さんと、彼のお気に入りだった照駒（末子）さん

けれども、跡継ぎとなる男の子を二人産んでも、末子さんの立場は厳しいものでした。店では若女将ではなく、パート扱い。一日の終わりに、その日の時給を手渡されて帰らされます。孝さんはその状況を知ってか知らずか、美人の奥さん、末子さんを自慢するように連れ回すばかり。同じように女将という道を選び、味覚の隣の寿司屋に嫁に行った芳町仲間の朝子さんと三人で会うと、末子さんはいつも寂しそうにしていました。女将修行の話を聞かされるからです。私は何度となく、彼女の悔しい胸の内を聞いていました。

末子さんはその後、がんのため五十二歳という若さで亡くなってしまいました。

芳町仲間からは、悲しい話やつらい話をいろいろ聞きました。でも、私はそれを受け止めるだけ。花柳界では、聞いた話を他所《よそ》ですることは決してありません。その後どうしたか根掘り葉掘り聞くこともしません。痛みを共有して、心の中にしまってお終《しま》い。私たちの口の硬さは絶対でした。

心を許し合った人

三人目の森繁さんは昔から芝居や歌舞伎が大好きで、学生時代しょっちゅう観に行っては、楽屋で役者に会って芝居の話をしていたそうです。その頃は、役者も気軽に会ってくれていたんですね。そこから人脈を広げ、コメディアンで俳優の伴淳三郎さんのマネージャーになり、芸能の世界に入っていきます。彼には、歌舞伎鑑賞の仕方など、芝居に関するあれこれをたくさん教えてもらいました。

芸能事務所〈ぷろだくしょん森〉を立ち上げてからは、俳優・三浦布美子さんや田村高廣《たかひろ》さん、杉良太郎さんのマネジメントも。昭和50年に杉良太郎さんと三浦布美子さん主演の明治座の舞台を企画し、これが大ヒットしました。まだまだこれからだったのに、その千秋楽、三浦さんを自宅に送った帰りに、車で事故を起こして四十四歳で亡くなってしまいました。

葬儀のときのご両親の落胆ぶり、孝さんのハンカチでは間に合わないほど号泣している姿には心が痛みました。三年後に作られた小冊子〈追悼！　森繁〉には、萬屋錦之介さん、三波春夫さん、立川談志さん、山口洋子さんなど、友人や仕事仲間六十七人もの追悼文が掲載されています。たくさんの人に慕われていた、彼の人柄が伝わってきます。

繁さんで忘れられない話をもう一つ。それは、歌手・五木ひろしさんのことです。銀座千福が三原橋の近くにあった頃、繁さんが五木さんを店に連れていらしたことがあります。「〈よこはま・たそがれ〉が大ヒットした歌手だよ。将来がとても楽しみなんだ。よろしくね」という紹介に、五木さんは最敬礼をしてくださり、私も心から「頑張ってください」と申し上げました。

ぷろだくしょん森を立ち上げた昭和44年以降、繁さんは制作関係の方をよく連れていらしてましたが、芸能人とお見えになることはそう多くなかったので覚えています。五木さんに力を入れていたのだと思います。のちに、五木さんを座長にした、新国劇と組んだ大阪新歌舞伎座公演をプロデュースして大成功させます。でも、それは昭和51年のこと。残念ながら、繁さんが公演を観ることはできませんでした。「五木ひろしの大切なブレーンの一人になったはずなのに」と、偲《しの》ぶ会で山口洋子さんが悲しそうに話されていました。自分の好きな世界に飛び込んで行き、夢中で仕事をしていた繁さん。江戸っ子らしいさばさばした素敵な方でした。

繁さんは阪東妻三郎が大好きで、その息子である田村高廣さんでさえ知らないようなこともたくさん知っていたほどです。彼は年に二回の〈田村高廣を囲む会〉を立ち上げ、弟の田村正和さんと田村亮《りょう》さんのマネジメントも引き受けることになってから、銀座千福にときどき高廣さんを連れていらっしゃるようになりました。四人目の紳士、高廣さんとはその頃からの知り合いですが、親交が深まっていったのは、帝国ホテルで行われた繁さんの七回忌で久しぶりにお会いして以降のことです。

東京で公演があると、私はよくお弁当を差し入れていました。あるとき、〈帝国劇場〉の楽屋入り口に「田村さんに差し入れです」と持って行くと「田村先生は今月宝塚劇場ですよ」と言われてびっくり。急いで〈宝塚劇場〉に向かって「間違えて帝劇行っちゃった」と言う私に「今日はこっちなんだよ」と微笑んでいらっしゃいました。

早朝の新幹線に乗って、昼の大阪公演を観に行ったときのこと。公演後、繁さんの後輩で田村さんのマネージャーに「うどんでも食べよう」とご馳走になって「じゃあね」と帰って行った私のことを「芝居だけ観て、さっと帰って行くなんて江戸っ子だねえ」と楽屋で話していたそうです。その話を聞かれたのでしょう。数日後、弟の田村正和さんが店に来てくださり「いらっしゃいませ」と言うと「初めまして。田村正和と申します」と丁寧にご挨拶してくださいました。そして「わざわざ舞台を観るためだけに、東京から大阪に来てくれる人がいるなんて、兄が羨《うらや》ましいです。今度僕の舞台も観に来てください。うどんじゃなくてもっと美味しいものをご馳走しますから」とおっしゃいました。

後日、高廣さんも店にいらして「この間はありがとうね。あの日は愛子さんのために芝居したよ」と嬉しそうに話されました。客席に知っている人がいると思うと、芝居をしやすくなるのかもしれませんね。

芸能界というと派手な印象がありますが、お二人とも偉ぶることなどなく、謙虚な方でした。高廣さんは、穏やかで優しい方。私には心を許していたと思います。たくさんの楽しい時間を一緒に過ごせて幸せでした。


広瀬さん、山田さん、森繁さん、そして田村高廣さん。四人とも自分の仕事に一生懸命で、優しい気遣いのできる紳士でした。私はずっと独身の人生ですが、損をしたとは思っていません。芳町時代から、素敵なお客様たちと接してきたことが、何にも代えがたい財産になっています。

俳優・田村高廣さんとお仲間たち

心を許し合っていた、田村高廣さんと

第五章　歳月の流れとともに

新橋花柳界の中心へ

銀座千福が開店から十年の節目を迎え、三宅本店が従業員全員を呉に招待してくれました。

三宅本店の東京営業所所長さんの案内で、新幹線で呉へ。旧海軍兵学校、今の海上自衛隊第一術科学校を訪問するから男性はネクタイでとのことだったので、私は着物で行きました。新幹線に乗るとすぐに「さあ、どうぞ」と千福が振る舞われました。ケースで持ち込んでいたのですからびっくりしました。一日目は旧海軍兵学校と、千福の工場を見学。二日目は宮島を観光し、三宅本店の社長が毎年お正月に家族と泊まるという宮島口の高級旅館に宿泊

開店 10 周年を記念して、千福のメーカー三宅本店が招待してくれた社員旅行で宮島を訪ねる

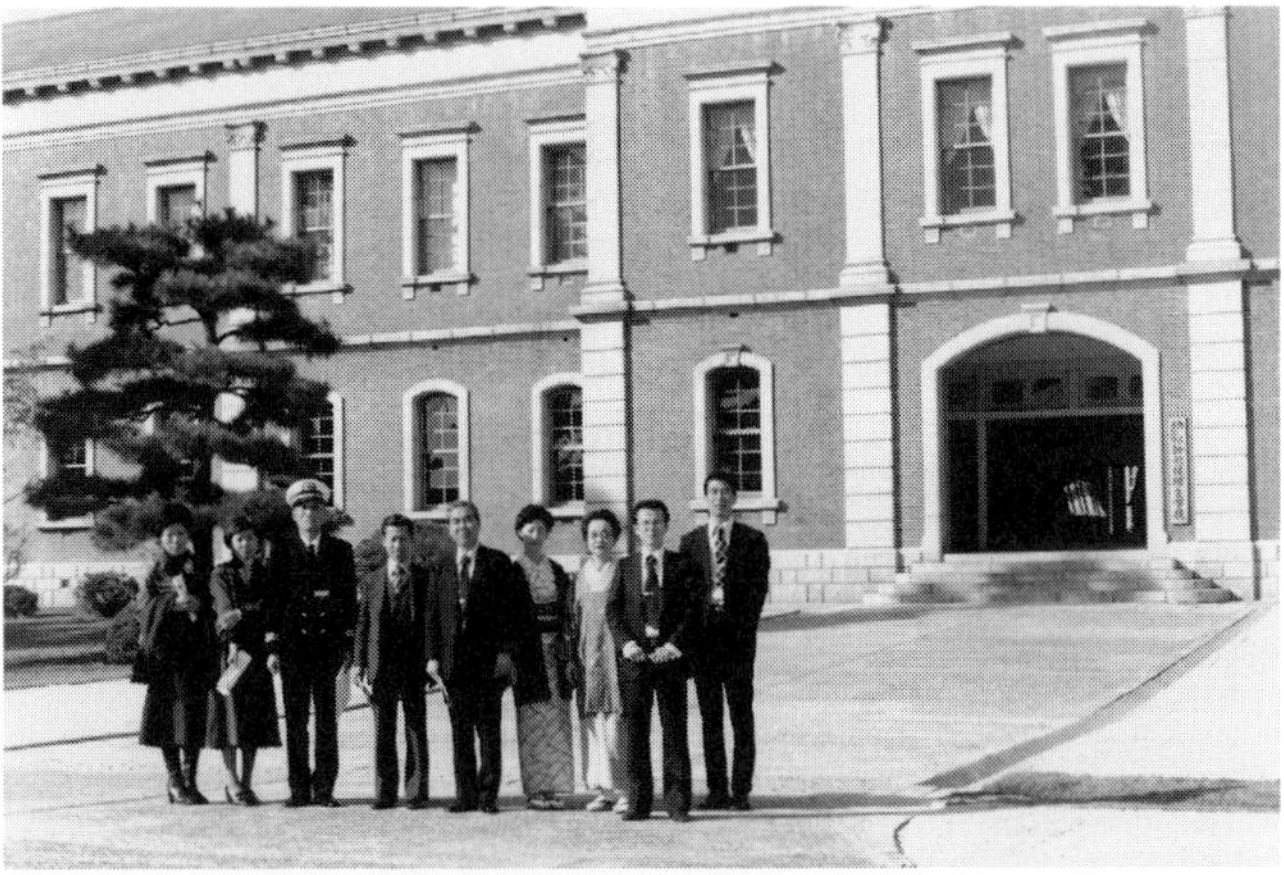

開店 10 周年記念社員旅行。広島・呉市の旧海軍兵学校にて

しました。夜は重役から社員まで大勢が集まり、飲めや歌えの大宴会。三日目は錦帯橋《きんたいきょう》を見に岩国市まで。どこから見ても美しい橋でした。

十周年のお祝いは店でもしました。お気に入りの着物を着て、嬉しそうに樽酒《たるざけ》をお客様に振る舞う私は四十歳になっていました。

それから六年が経ち、店が入っていたビルが建て替えで取り壊されることになりました。新しいビルが完成するまで二年かかるというので、店を閉じて一旦解散することに。その少し前に、〈赤坂千福〉が開店していて、銀座千福を休んでいる間、私はこちらを手伝いに行っていました。

店は結局、その昔木挽町《こびきちょう》と呼ばれていた銀座七丁目、新橋演舞場の近くにあるビルの地下に入ることになりました。このビルの持ち主は永井静さんと言って、芸名は五郎丸、大正時代から新橋花柳界で名を馳せた凄いお姐さんなんです。清元の名手であり、新橋組合の頭取として花柳界の発展、若手の育成に尽力されました。ですから、新橋花柳界の中心と言える場所でした。

ビルの周辺には、東《あずま》をどりで男役を務めて人気を博した舞踊の名手・まり千代姐さん、その隣には、こくに姐さんといった新橋芸者のトップが住んでいて〈新橋おっかない横町〉なんて呼ばれていました。

余談ですが、新橋演舞場は、芸者衆がその芸を披露する劇場として建てられたものです。今、運営は松竹ですが、持ち主は新橋組合なんですよ。

永井静さんは、よく打ち合わせなどに利用してくださいました。静さんが亡くなられた後は、娘・美恵子さんが歌舞伎座の支配人や役者、特に親しくされていた五代目中村富十郎さんといらしてくださり、親子で贔屓にしてくださいました。平成元年に青山葬儀所で行われた、静さんの葬儀の委員長を務めたのは、東京急行電鉄の会長（当時）五島昇さんです。歌舞伎界からもたくさん弔問に訪れ、私の前には中村歌右衛門さんが並んでいらっしゃいました。会場の入り口に、喪服姿の新橋の芸者衆がずらりと並んで弔問客をお迎えしている光景は、圧巻でした。

新しい銀座千福は五十坪ある広い店で、十五人座れる檜《ひのき》のカウンター、小上がりに六人、仕切りの唐紙を外すと十四人程度が入る座敷、さらに奥にも六畳間の座敷が二つありました。五十坪あるのでもっと席数を増やせましたが、高級店として認知され、お客様の層もそれなりでしたから、店を余裕のある造りにする必要がありました。

店の近所には、阿を山の女将さんの娘・喜代竜さんが住んでいました。銀座千福の場所が場所だけに「愛子さん、ちゃんとやっていけるかしら」と心配する喜代竜さんに「愛子は大丈夫だから」と女将さんはおっしゃられたそうです。芳町を離れて何年も経った私のことを陰ながら支えてくださり、有り難く思いました。

移転によって芳町時代や花柳界でのご縁が再び広がり、店の発展に繋がりました。

この店から、お昼の時間に持ち帰りのお弁当も始めました。開店は十一時半で、平均で七十人ほどお見えになります。品書きは海鮮丼、煮魚または焼き魚の定食です。お味噌汁付きのお弁当は、八百円くらいだったと記憶しています。お刺身で出せるほど新鮮な魚を使っていましたから、とても人気でした。日産自動車など近所の会社は、大きな袋を持っていらしてまとめ買いされ、朝日新聞からは会議用のお弁当をよく注文いただきました。

おかずだけ詰めたプラスチック容器を二十個から三十個積んでおき、お客様が買いに来られてからご飯を盛り付けます。だいたい二升釜を二回炊いていました。あるとき、洗い場の人が青くなって飛んで来ました。二回目の釜に火をつけ忘れていたんです。お米に合うようにおかずを作っているのに「ごめんなさい」と謝りながら茶そばに代えて提供したことや、足りなくなって近くの料理屋さんに走ったなんてことも。二階に住む大家さん・永井さんの家から釜ごともらって来たこともあります。お借りした釜に炊き上がったご飯を入れ、牡蠣フライを付けて持って行くと、とても喜んでくださいました。

どれも楽しい思い出です。

冬の一番人気は、一滴も飲めない私が作るひれ酒です。ひれは板前さんが丁寧にぬめりを取って天日に干し、焼き上げておいてくれて、注文が入るとお燗《かん》します。ひれ酒は何と言っても熱燗。ぬるくては旨さが出ません。大きめの湯飲みにひれと粗塩ひとつまみを入れて、そこにお酒を注ぎます。「これほど美味しいひれ酒は、河豚料理の店でも飲めない」と次々おかわりの注文が入って、ひれ酒作りから離れられないほどでした。初めて飲んだひれ酒に娘さんがすっかりはまってしまい「千福に連れて行けってうるさいんだよ。連れて来なければ良かった」と嬉しそうにぼやかれるお客様もいました。

店とともに成長し女将に

銀座千福は、たくさんのお客様に贔屓にしていただきました。板前さんた

60代の愛子、店のカウンターで。
女将としての貫禄が感じられる笑顔

お気に入りの藤色の着物を
着た40代の愛子

年に2回行われていた、田村高廣さんを囲む会にて

ちは九時、私は十時半までに店に入り、十一時半から二時半までお昼の営業。賄《まかな》いをいただいて休憩したら、夜の開店時間五時に合わせて四時から仕込みが始まります。私は、昼は洋服でしたが夜は着物です。顔を洗い、お化粧を直して着替え終わると「もういいかな」と気の早い常連さんが開店前に来ることもありました。追い返すわけにはいきません。「とりあえずビールでいいから」のお言葉に甘えて、急いで開店の準備をします。そんなお客様との気の置けない関係も良いものでした。

閉店は十時半ですが、お客様が皆さんお帰りになる頃には十一時になっています。終電の時刻もありますし、銀座千福の出社時間は午前十時ですから、その時間に店の人たちを帰宅させないといけません。なので、洗い物など後片付けは、よく私一人でやっていました。私は歩いて帰れますし、あとは寝るだけですから。毎日こんな感じで、ほとんど店に住んでいるようでした。

銀座千福に三十歳で入社してからずっと忙しく、でも楽しい毎日でした。

五十歳、六十歳と歳を重ねていくうちに、課長と書かれた名刺を持っていらした方が、気づけば社長に。私より年上のお客様ばかりだったのに、いつしか逆転していました。それに伴って、少しずつ気楽に接客できるようになり、お客様との距離が近くなっていったように思います。

芳町のときから二十代、三十代と、お客様に育てていただきました。四十代を過ぎ、今度は私が、教えられてきたことを伝えていく立場になりました。銀座七丁目に移ってから店の子が私のことを「女将さん」と呼ぶようになって、いつしかお客様にもそう呼ばれ、私自身も女将に相応《ふさわ》しい振る舞いを心がけていました。

昔は「男はいい店で飲め」と言われたものです。高くてもいい店で飲んで、女将さんやママに男を磨いてもらえということ。今はそうした文化がなくなっていて寂しいです。

四十年の歴史に幕

バブル経済が崩壊したのは、平成3年のこと。それから六、七年経ち、少しずつお客様の数が減っていきました。それまで、会食の料理はすべてお任せだったのが、一人当たり幾らでと予算を言われるようになりました。そうなると、店の売りである、その日一番いい魚を仕入れるやり方では続けていかれなくなり、段々と経営が厳しくなりました。寂しいですが、時代の流れには逆らえません。

そして、平成18年11月のある土曜日、大家の永井美恵子さんから「ビルを売ろうと思っている」という話がありました。ビルの所有者が変わるけれど、店を続けたければ続けられるとのこと。週が明け、店に来た社長の黒瀬さんに、このことを報告しました。

「あともう何年かで、三島が年金を受け取れるようになるんだけどな」と板長のことを心配し「うーん」と考え込む黒瀬さんに私は「社長、潮時ですかねえ」

六十九歳になっていた私は、正直少しくたびれていたんです。

と言いました。

翌、平成19年3月29日に閉店する予定でしたが「30日に十五人お願いね。私たちのご飯食べは、千福でやらないとでしょ」と永井さんから予約が入りました。喜代竜さんと娘のかおるさん、当時の新橋組合頭取の小千代さんなど、永井さんの親しい方たちの集まり。座敷を用意していたのに、一番乗りでいらした喜代竜さんが「カウンターがいいわ!」と座ってしまいます。艶《あで》やかなお姉さんたち十五人が並び、最後の日に相応しい華やかな会になりました。河豚刺しに牡蠣、名物だったオコゼの唐揚げ。板前さんが張り切って準備し、食べきれるかなと思うような品数でしたが、皆さん美味しそうにすっかり召し上がってくださいました。

最後は玄関先で「ありがとうございました」と永井さんと抱き合ってお別れ。銀座千福は四十年の歴史の幕を閉じました。

〈銀座千福〉閉店の数年前の、愛子

最後の日から一週間後、黒瀬さんが板前三人、接客の三人と私の従業員全員を店の向かいの寿司屋に呼んで、退職金を渡してくれました。この退職金は、ご自分の生命保険を解約して用意されたものです。彼は、店ができて一年後に役員から株を買い取るなど、常に従業員のことを一番に考える人でした。ですから、店の中で問題が起きたことは、四十年間一度もありません。「銀座千福で働いていた人は、どこでも通用する」とお客様に言っていただいたこともあります。黒瀬社長のもとで働くことができて、私は幸せでした。

それから一か月は、不動産屋さんに「引き渡しまでに、店内の動くものを全部片付けてください」と言われて大忙しでした。すべてを終えて大きな寂寥感《せきりょうかん》を抱きながら、社長と私は鍵を返すため店に行きました。銀座七丁目に移ってからだけでも、二十四年間ほぼ毎日、最後に鍵を閉めて帰ったのは私です。「ありがとうございました。お気をつけて」とお客様を見送ったのも私。

その私がこの日は「長いことありがとうございました」と見送られる立場に。社長と二人で地下の店から階段を上がっていくときの、何とも言いようのない気持ち。寂しいというひと言では言い表せません。完全に自分たちの手から離れてしまったんだという事実が、ただただ身にしみました。

第六章　銀座千福ふたたび

七十歳で新しい職場に

銀座千福を辞めてから数か月後、芳町仲間の紀子さんが働いていた〈芙蓉《ふよう》〉という、銀座八丁目にあったバーを手伝うことになりました。私よりちょっと年若の紀子さんは、お座敷で一緒になったことはあまりないものの、仲良しの妹分という存在でした。銀座千福に顔を出していただいていましたが、不思議なご縁でさらに仲良くなりました。きっかけは、演出家・宮本亜門さんのお父様です。

ある方の紹介で亜門パパと知り合って以来、彼が営んでいた喫茶店〈絵李花《えりか》〉に私が行ったり、彼が銀座千福に来てくれたりという間柄になりました。あるとき彼に「愛子さんに会わせたい人がいるんです。きっと話が合いますよ」と連れて行ってもらったのが、赤坂の大きな料亭で仲居さんから帳場まで長く勤めてきた、ご高齢のママがやっていた芙蓉でした。店に入るなり「あら、愛子姉さん！」と出迎えてくれたのが紀子さんで、彼女も私もびっくり。亜門パパが私に会わせたかったのは店のママだったのですが、私と紀子さんにとって忘れられない一夜となりました。

「愛子、七十歳の銀座デビュー」と言うとおかしいですが、銀座千福のお客様とお会いできることを楽しみに、私は芙蓉に出るようになりました。以前とは違い、ここではお客様とゆっくりお話をする機会が増えました。初めは、どう応対したらいいのか悩みましたが、そのうちに、大事なのは、その方の気持ちに寄り添って話を聞いて差し上げることだと気づきました。

特に、働きはじめて一年くらい経った頃に、世界的な大不況リーマン・ショックが起こり、どの業界の皆さんも心労が絶えない様子でした。「愛子さん、聞いてよ」と仕事や家庭の不満をこぼすお客様たち。私は、まるで彼らのお母さんのように、ときに慰め、ときに励ましながらじっくり話を聞くだけ。それでも疲れたお顔で店にいらしたお客様が、帰られるときには柔《やわ》らかな表情になっているのを見ると、何だか私の心も温かくなりました。

この芙蓉での経験によって、相手の気持ちを受け止めるという力が培われたように思います。

またここでは、老舗のバー〈ガスライト〉の前オーナー和田百合子さん、新内節の富士松小照師匠、銀座七丁目にあるバー〈工《たくみ》〉のママ工藤はるみさん、こののち一緒に働くことになる孝子さんたちと出会い、それまでとは違った人間関係が生まれました。これは、今の私の財産になっています。

七十歳と言ったら、一般的には現役を引退している年齢でしょう。私も、まさかこの歳でまた働くとは思っていませんでした。でも、一歩踏み出してみたら、新しい世界が開けたのです。歳だからと、自分で自分のいる世界を

平成 24 年、東京・新橋の料亭・花蝶で行われた、バー・ガスライトの前オーナー和田百合子さんの古希を祝う会にて。愛子 75 歳

狭めてしまうのは良くありませんね。

銀座千福ふたたび

私が七十八歳になった平成27年、ママの引退に伴って芙蓉を閉じることになりました。そして、営業最後の日、銀座千福のお客様だった不動産屋さんから「いい物件がある」と電話がかかってきました。見るだけでもと言われて行ったのが銀座八丁目、並木通りにほど近いビルの四階にある八坪ほどの物件でした。

私の第一印象は「あら、いい店ね」。店の造りが良くてひと目で気に入ってしまいました。次兄の米男に話すと、快く保証人になってくれました。紀子さんと孝子さんにも物件を見せると「素敵！　私たちも働きたい」と言いました。周囲に話すうちに、私の気持ちは高ぶってきて「やってみるか」と心

開店のご挨拶

拝啓　初冬の候、皆々様には益々ご清祥の事と存じ上げます
さて　私事　羽根田愛子は　銀座千福時代　芙蓉の店の時と
大竹紀子さんと共に楽しく素敵なお客様にお目にかかり　支えて
頂き感謝の思いでいっぱいです
そして　この度突然の事ながら　銀座八丁目の場所の良い所に
お店が見つかりまして　思い切って開店する事に致しましたので
お知らせ申し上げます
「銀座千福」と名乗ります（割烹ではありません）
お客様と友と　楽しく飲み　語り　唄い　貴男の店　貴女の店
千福の店　昭和の店です　和風スナックとでも申しましょうか
少しは召し上がり物をお仕度しております
お寛ぎ頂ける店にしたく　お客様のお力添えをお願い申し
上げます　お誘い合わせお越し下さいますよう
心よりお待ち申し上げております

敬具

平成二十七年十一月吉日

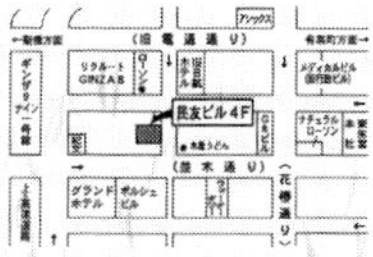

開店日　十二月三日（木）より
営業時間　十八時～二十三時三〇分
土曜日　十七時～二十一時
場　所　東京都中央区銀座八丁目五番九号
民友ビル四階　〒一〇四-〇〇六一
電　話　〇三-三五七一-七九五〇

銀座 千福
羽根田愛子

※誠に勝手ではございますが　祝花等のお心遣いはご辞退させていただきます　御了承下さいませ

78歳で開いた愛子自身の店・銀座千福のご挨拶

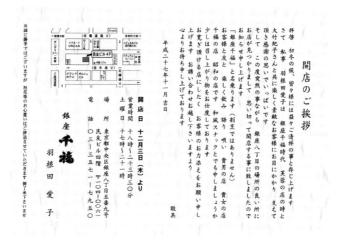

を決めました。あとで聞いた話ですが、物件のオーナーは私の年齢が気になったけれど、契約に来た米男と私を見て「素敵な兄妹だ。ぜひ入ってもらいたい」と思ったそうです。

こうして芙蓉を辞めてから二か月後の平成27年12月3日、七十八歳にして初めて自分の店を開きました。店の名前は〈銀座千福〉。人生の大半をともに過ごした、この名前しか考えられませんでした。千福のメーカー三宅本店に連絡すると「ママのしたいようにしてください」と快く承諾してくれました。店で出す日本酒は、もちろん千福。東京では手に入らない、ラベルに戦艦大和の写真が入った土産用のボトルも取り寄せました。

ママの方針で乾き物しか出さなかった芙蓉で、よく紀子さんと「もし店をやるなら、きちんとお手元を置いて、簡単なつまみくらいは出したいよね」と話していた夢が、ここで実現できました。紀子さんと孝子さん、私の三人それぞれが料理を持ち寄ります。二人がまた料理上手なんです。あるとき、孝子さんと私の二人ともかぼちゃの煮物を持って来て「こっちが私で、こっちがママのです」と両方出して食べ比べてもらうなんてことも。初めは他所で食事を終えてから二軒目、三軒目にいらしていたお客様も「ここのつまみは美味しいんだよね」と一件目からうちにいらっしゃるようになりました。楽しく飲んで、語って、歌える店にと思ってはじめたのが、いつしかまるで小料理屋に。私たちも競うように腕を奮い、孝子さんは両国の魚屋さんで鮮度の良い刺身を仕入れて来て出したこともありました。

そして、冬の隠れた人気メニューが、私の作るひれ酒です。ある1月の寒い日、たまたま手に入ったひれ数枚を家で焼いて持って行き、紀子さんと孝子さんに作ってあげると「わあ、美味しい！」と大喜び。それから、お客様が少ない日にだけ出すようにしました。毎年決まった店で河豚刺しとひれ酒を楽しむというお客様は、「そこが一番だと思っていたけれど、それ以上に美味しいね」と言ってくださいました。この本の制作にあたり、クラウドファンディングを立ち上げて私をサポートしてくださった店の常連で神易通詞《しんいつうし》の高島祀龍《しりゅう》さんも私のひれ酒の大ファンです。

ひれ酒は、ひれ自体の良さに加えて、丁寧な下処理、焼き加減、塩の塩梅《あんばい》、日本酒の温度、これらすべてが揃わないと美味しくできません。一度、孝子さんが作ってみたことがあったのですが、本人がひと口飲んで「美味しくない」とそれ以上飲みませんでした。約四十年間、冬場になると毎日のように作っていた私の域に達するのは、一日では無理ですね（笑）。

飲み放題にしていたので、税理士に「趣味でやっているのか」と言われたほどの経営状態でしたが、人と触れ合うのが好きな私にとって利益は二の次。商売よりもお客様に会いたくてやっていましたから、楽しかったです。

初めから店の賃貸契約更新は二回、四年まで、それ以上は続けないと思ってはじめました。度重なる怪我《けが》の影響で体が思うように動かせなくなったこともあって、二回目の更新を迎える前、令和元年の9月に閉店。元号が新しくなった時代の変わり目でもあり、区切りが良かったように思います。

七十八歳で自分の店をはじめるなんて、もしかしたらやらないほうが良かったのかもしれません。でも、四十年勤めた銀座千福と芙蓉での経験を生かせる場所を得て、お客様と楽しい時間を過ごすことができて幸せでした。店をやっていなかったら出会えなかったであろう新しい友だちもでき、おかげで今、毎日楽しく過ごしています。

私が店を閉じた年、三宅本店が歌舞伎座の隣に〈銀座 三宅本店〉という天ぷらを中心とした直営店を開きました。それを聞いてお客様と店に行ってみると、三代目の社長がいらっしゃいました。「なぜ、店の名前は千福じゃなくて三宅本店なんですか?」と聞くと「東銀座で千福と言えば、銀座千福さんでしょう」という答えが返ってきました。千福のメーカーであるのに、どちらの銀座千福も大事に思ってくださったこと、五十年にもわたるご縁に心から感謝しています。

第七章　立ち直る力

度重なる骨折

　ここまで、いろいろな人との出会いや、さまざまな思い出をお話ししてきましたが、私の人生を語るうえで欠かせないのが、怪我の歴史です。

　初めて怪我をしたのは五十三歳のとき。秋篠宮ご夫妻がご結婚された平成2年、9月15日の夜、移転した銀座千福でのことです。この日は雨でした。ビールの空き瓶が入った箱を一旦店の入り口から外に出し、扉を閉めて運ぼうと持ち上げたそのとき、床の御影石《みかげいし》で滑って転び、左足のむこう脛《ずね》を思い切りぶつけてしまいました。転んだ瞬間息を飲み、血の気がすーっと引いて「しまっ

何度も行った大好きな上高地

た」と思いました。自分でもひどい怪我をしたのがわかったのです。

入り口横にあった社長の部屋に入って何とか椅子に座り、そこから一歩も動けなくなりました。洗い場の女性と板場の人が慌てて来て「救急車を呼ばないと」と言いましたが、大騒ぎになってはお客様にご迷惑がかかるので、ハイヤーを呼んでもらいました。さて、どこの病院へ行こうか。自分の状態から入院になることは覚悟していたので、親戚の負担にならないよう、叔母の咲子が入院している茅場町の病院に行ってもらいました。夜の七時半を過ぎていたこともあり、レントゲンは撮ってもらえず、痛み止めだけもらって帰って来ました。あまりの痛さで一睡もできないまま朝を迎え、話を聞いて飛んで来た社長に連れられて、またハイヤーで病院に向かいました。

腕組みをしながら、レントゲン写真を見つめて唸る先生の診断結果は、左足むこう脛の骨折、全治二、三か月。脚の付け根からギプスで固められ、見えているのは指先だけの状態に。結局一か月半の入院を余儀なくされました。入院中にすることと言ったら、本を読むくらいです。枕元の電灯が暗くて、叔父に100ワットの電球を買ってきてもらって付け替え、朝まで読んだりしていました。態度のいい患者とは言えませんね。

脛の骨折から九年後の六十二歳、交通事故に遭います。築地警察署の裏手、歩道のない道路を歩いていたときのこと。左側に止まっていた車の前を通り過ぎたとたんにその車が動き出し、左の膝がぶつかって飛ばされてしまいました。「乗ってください。病院に行きましょう」と降りて来た女性が言いましたが、忙しいランチ前の時間だったため、まず店に行ってもらいました。以前勤めていた人に電話をして、無理矢理手伝いに来てもらうお願いをしてから病院へ。今回は骨折はしていませんでしたが、それから二年近くリハビリに通いました。

交通事故から何年か経ったある日、寝ていて突然の痛みに目が覚めると、左の足首がパンパンに腫《は》れていました。病院で診てもらうと、骨が変形していると言われました。「仕事は辞めたほうがいい」と言われながらも、注射による治療を繰り返し、何とか歩けるようになりました。

次の怪我は、芙蓉で働いていたときです。家に帰るためタクシーを拾おうと、芙蓉のママと一緒に銀座通りに出る手前で転んでしまいました。ママの「愛ちゃん大丈夫?」の声につられてか、周りにいた人たちも「愛ちゃん大丈夫?」と言いながら、落としてしまった荷物を拾ってくれました。皆さんの親切の有り難さと申し訳なさに痛みを忘れて、そのまま帰宅。むこう脛を骨折したときのような、息を飲むほどの痛さではなかったので病院には行かなかったんです。一週間くらい経ってから思い直して病院に行くと、右足の小指から三本が骨折していました。すぐに治療しなかったので、指が曲がったまま固まってしまって。それが響いて、今ではきちんとした靴が履きづらくなってしまいました。

また、よせばいいのに足を引きずって歩くような状態でも、常磐津のお稽古には通っていたんです。正座ができないので椅子を使えばいいものの、右足を横に出して座るという無理な姿勢をしていたために膝を痛め、ときどき水が溜《た》まるようになってしまいました。

満身創痍《そうい》

自分の店をやっていた頃、体の調子が悪くて、紀子さんと孝子さんに任せていた時期がありました。そんな中、法事で帰省した紀子さんに代わって店に出た日のことです。お客様が帰られて、コップを片付けようとお盆を持って少し屈《かが》んだところで、腰が痛くて全く動けなくなってしまいました。まるで「お控えなすって」と挨拶しているかのような姿勢。外までお客様を見送りに行って、戻って来た孝子さんはびっくりです。

彼女だけでは私をどうすることもできず、知り合いのバー〈ガスライト

EVE〉の店長・直美さんが飛んで来てくれました。私の様子を見た直美さんは一旦店に戻り、店が終わってからまた来てくれました。そして、タクシーを呼んで、孝子さんと二人で家まで送ってくれました。

心配する彼女たちとは「大丈夫だから」と別れ、翌日、同じマンションに住む親しい友人の栗原さんにお願いして、聖路加病院の救急に連れて行ってもらいました。そこでは、膝の治療に通っている病院でレントゲンを撮ってもらうようにと、痛み止めだけ処方されて帰されてしまったので、後日そちらの病院に行くと、先生が驚くほど体の状態は悪くなっていました。

それからリハビリや整体に通い、体調が少し良くなってきた頃、間の悪いことに自宅マンションのエレベーターが一週間ほど工事に。ある夜、店が終わって帰宅し、一階の郵便受けから郵便物を出して、十階の部屋まで階段で上がり、部屋の鍵を開けようとしたところ、鍵がありません。うちの郵便受けは鍵で開けるタイプ。鍵を差したまま上がって来てしまったんです。腰が痛いのに、もう一度一階まで降りて、また十階まで。これでさらに腰と膝を

昭和 63 年、俳優・田村高廣さんの芸術選奨文部大臣賞受賞を祝う会にて、高廣さんと

お正月、母と伯父と一緒に泊まった、ホテルオークラ東京の部屋で

悪くしてしまいました。どうして、こうもいろいろと重なるのでしょうね。

怪我はまだ続きます。銀座千福の一回目の賃貸契約更新を終えた翌年、平成29年3月、右の上腕を骨折しました。地下鉄有楽町駅の下りエスカレーター、あと一歩でホームに着くところで転んでしまったのです。近くにいた人に助け起こされ、駆けつけた駅員さんに降りる駅を伝えて、電車に乗せてもらいました。駅の改札では、駅員さんが車椅子を用意して待っていました。店で出す料理の買い物をした帰りで生ものがあったので、とにかく家に帰らなくてはと思い「3分ですから」と頼み込んで、そのまま自宅まで送ってもらいました。

これまで何度も怪我をしていろいろな痛さを知っていますが、このときは一、二を争うくらいで、あまりの痛さにのたうち回るほど。着ていたコートを脱ぐこともできません。救急車で聖路加病院に行き、その日はレントゲン写真を撮り、痛み止めを出されて帰ってきました。翌日行くと、私のレントゲン写真を前に、医師が腕組みをして難しそうな顔をしています。開口一番「すぐに入院してください。明日、一番で手術します」と言われたあと、午前十時頃から夕方四時頃まで、あっちの検査室、こっちの検査室と体中を検査。丈夫な内臓の検査だけは順調に進みました。骨と骨の間に、折れた骨が刺さった状態だったそうで、十日間の入院生活を送りました。

そして、平成31年、愛子八十二歳、谷中の墓地にお墓参りに行った帰り、強い風に煽《あお》られ、思わず悪い膝をかばって顔から落ちました。でも膝もついてしまったんです。頭は何ともありませんでしたが、右膝を骨折。「お皿を取り替えると楽になりますよ」と言う専門医の言葉を信じ、半年後の秋に人工関節置換術を受けました。このときのリハビリは、腕のときより大変でした。でも、お陰で以前よりだいぶ楽になりました。

こんなに何度も大怪我をしていますが、体の中は丈夫で、内臓を悪くしたことは一度もありません。でも、怪我の影響で歩くのに杖が必要になり、背筋を真っ直ぐ伸ばすことができなくなってしまいました。そのため、着物は着られません。もちろん、着てもいいんです。ただ私は、着物はしゃんとして着たいんです。それができないのなら着たくない、もう着ないと決めました。買っていただいた着物も、自分で買った着物も全部、大事にしてくださる方に差し上げました。

七面山で仏様を助ける⁉

怪我の話をすると皆さん驚かれますが、それらの話がかすんでしまうような、死を覚悟するほどの経験をしたことがあります。

日蓮宗の総本山久遠寺《くおんじ》が、山梨県の身延山《みのぶさん》にあるのをご存じでしょうか。

平成 3 年 11 月に登った身延山にて。甥と従姉妹と

その西に標高一九八二メートルの七面山《しちめんざん》がそびえていて、山頂にある敬慎院《けいしんいん》には、身延山を守護する鎮守神・七面大明神が祀《まつ》られています。この七面山に登って七面大明神に参拝する参籠修行《さんろう》(宿泊参拝)というものがあり、山は多くの登詣者《とけいしゃ》で賑わっています。

羽根田家の菩提寺《ぼだいじ》の宗派は日蓮宗で、叔母の咲子は、火事で母親を亡くしたことをきっかけに信心深くなり、年に一回の参籠修行をずっと続けていました。私も、銀座千福に勤めはじめた頃から二十年以上参加していました。私の足で山頂まで片道約六時間はかかる、結構な山登りです。

勤めていた銀座千福が移転したあと、数年経った頃のことです。6月の一週目に、次兄の米男、従姉妹、長兄・弘の娘とその夫、私の五人で登詣しました。山頂の敬慎院には千人ほど泊まれますが、七人で一枚の大きな布団で寝るようになっていて、真ん中は身動きが取りづらく、端では掛け布団の取り合いになってしまいます。さらに、お風呂は混浴。でも、敬慎院からさらに約一キロメートル、歩いて十五分ほどの場所にある奥之院《おくのいん》は、布団は一人一枚、お風呂は男女別、一部屋に一家族で宿泊することができます。なので、私たちは事前にこちらを予約していました。

あいにく、この日は朝から雨。長袖のシャツに赤いヤッケを着て、リュックを背負って杖を持ち、苦労しながらも無事山頂に到着しました。敬慎院でのお参りを済ませた夕方六時頃、奥之院に行く段になって、何となく私は「ちょっと行ってくる」と近くの鳥居のほうへと足を向けました。そばにいた姪はついて行こうと思ったそうですが、お手洗いに行きたくて、私のリュックを預かって奥之院に向かいました。

その後、すぐに来るだろうと奥之院で待っていた家族のもとに、私は待てど暮らせど戻って来なかったのです。

姪と別れた私は、何かに導かれるように鳥居をくぐり、先へと進んで行きました。そこには少し開けた薄暗い場所があり、真ん中辺りには緑色に見える水溜まりが、周囲には小さな祠《ほこら》が三つありました。その薄気味悪さに内心「まずいな」と思いましたが、そのまま素通りすることはできず、三つの祠にお参りしました。そして私は、来た道を戻れば良かったものの、なぜか奥之院に向かう近道に見えた広い道を進みます。

しかし、すぐに草が生い茂る道なき道に。祠のところには戻りたくなくて、そのまま進みますが、足がずぶっと埋まってしまい、思うように歩くことができません。朝から降り続いていた雨が強くなり、気温はどんどん下がっていきます。少しでも雨を凌《しの》ごうと思い、大きな木の幹に寄りかかっても、幹がすっかり雨を含んでいて、さらにびしょ濡れに。助けを待っていられる場所がどこにもなく再び歩き始めますが、すーっと滑り落ちてしまいました。このままではヤッケの赤い色を見つけてもらえないと思い、這《は》い上がろうとしますが起き上がれません。体が冷えて、とうに指先の感覚はなくなり、思うように体が動かせなかったのです。

ヤッケの胸ポケットに入れていた護符《ごふ》と数珠《じゅず》を思い出し、そこに手を当てると、飴《あめ》が一つだけ入っていました。それを口にし「南無妙法蓮華経《なむみょうほうれんげきょう》」と唱えていると、自分の家の中が見えました。数日後に行く予定にしていた歌舞伎のチケットも見え「ああ、チケットを無駄にしてしまうな」などと考えたり、東京にいる母と長兄・弘に申し訳ないと思ったり。意外と気持ちは落ち着いていました。また、日本航空機の墜落事故で亡くなった銀座千福のお客様や、芳町時代の親友・末子さんを思い出して「もうすぐ会えるのかしら」と思ったりもしました。

そのうちに、さっきまで見えていた稜線《りょうせん》が見えなくなり、麓《ふもと》から闇が這ってきました。あっと言う間に何も見えない暗闇の中で「もう駄目だ」と思ったそのとき、動く明かりが見えました。それは、私を探しに来た車のライトでした。暗くて方向がわからなくなっていましたが、私は、敬慎院から奥之院へと続く道に出ていたのです。懐中電灯を手に「おーい」と叫ぶ声に応えるように手を挙げた私は、そのまま倒れ込みました。「大丈夫か！」の声は聞こえますが、意識が朦朧《もうろう》として反応することができません。助かったと安心して、それまでしまっていた恐怖心が顔を出したからか、急に歯がカチカチと、まるでカスタネットを叩いているかのような音を立てはじめました。軽トラックで奥之院に運ばれ「風呂だ」「熱いのは駄目だ。ぬるま湯にしろ」「酒だ」「お酒は飲めないんです！」などの声が飛び交う中、靴だけ脱がされ、服のまま湯船に入れられました。米男はずっと横で泣きながら、溺《おぼ》れないように私を支えてくれていました。

長いこと湯船に浸かってようやく意識が戻り、家族は皆「良かった」と口にしますが、私自身は、不思議と助かって良かったと思えずにいました。お腹が空いていたのに、部屋に戻って用意してもらったお味噌汁とご飯をいただいても、食べた気がしませんでした。

私が道に迷っていた時間は約二時間、気温は六度まで下がっていたそうです。戻って来ないと聞いたお坊さんは、姪の夫を連れて私が一人で向かった二の池と呼ばれる場所へ行き、真っ暗闇の雨の中、懐中電灯の光一つでお経を上げられたそうです。「お坊さんは、まるで何かと戦っているようにお経を上げていた。あれほど怖い思いはしたことがない」と姪の夫は話しました。

翌日、朝のお勤めを済ませてから下山し、途中の休憩所で顔見知りのお寺の関係者に、昨日経験したことを話すと驚いた様子で「そこはこの山で一番の鬼門なんですよ」。二の池には、ときどき遺骨を置いていく人や、突然心臓発作で倒れる人などがいるので鬼門とされていて、そのために祠を作って、お坊さんはいつも拝まれているとのこと。「あそこは、すっと通り過ぎないといけないんですよ」って、もっと早く教えてほしかった！

帰って来た翌日、いつも通り店に出ました。でも、何だか気分が優れません。顔色も悪かったのでしょう、板長は「すぐに帰ったほうがいいですよ」と言ってくれました。体がだるかったので、その足でよく行く整体へ。あとで言われたところ、私の様子が明らかにおかしくて、施術後に先生の具合も悪くなってしまったそうです。
それから数日経っても、山で経験した恐怖や、あの闇が這ってくるような情景が頭から離れません。「あんな思いをしたんだから、お経をあげてもらう」と、帰って来てから一週間後、米男と姪に池上本門寺に連れて行かれました。そして、お経をあげてもらったとたん、生まれてこれほど泣いたことはないというくらい、止めどなく涙があふれ出ました。きっとこのとき、体に取り憑《つ》いていた何かが抜けたのだと思います。

遭難未遂事件から七年後、阿を山の孫娘・かおるさんが店にいらしたとき、同じく日蓮宗の信徒である彼女に七面山での話をしました。すると「それは、つらい思いをされた仏様を助けたんですよ。愛子さんに取り憑いたことで救われたんです。報われない仏様を救ったんですから、愛子さんの今後の人生は大丈夫です」と言われました。にわかには信じられませんでしたが、あの日助かったのにそれほど良かったと思えなかったこと、お坊さんのお経が何かと戦っているかのようだったこと、二の池という場所の話、お経で涙を流したこと、一連の経験を振り返ると、本当にそうだったのだと納得できました。仏様や信心は粗末にできないと改めて思いました。

あとがきにかえて

〈銀座千福ものがたり〉を最後まで読んでいただき、ありがとうございます。こうして八十六年間を振り返ってみると、出会った人たちと深く関わり合いながら、幸せをいただいてきた人生だったと思います。ひもじかった学童疎開、その後の厳しい暮らし、家族や友人の死、大怪我など、つらい思いもたくさんしましたが、それらが帳消しになるほど幸せな人生だったと言えます。

振り返る作業は、とても楽しいものでした。アルバムを開くと、そのときのことがすっと蘇《よみがえ》ってきます。さらに記憶を掘り起こしていくと、忘れていた出来事が次々と思い出されました。書いた内容はすべて私の記憶の中のことですので、事実と多少異なることもあるかもしれませんが、ご容赦《ようしゃ》ください。

原稿を書いていると、家族をはじめこれまで出会った人たちの深い愛情、温かさが改めて感じられました。着物を着て、背筋を伸ばして銀座を歩く私の姿に、すれ違った俳優・大川橋蔵さんが「いい姿だねえ」と見惚れてくれたあのときに、心はずっと飛んでいました。

今回の自伝本制作は、第六章で紹介したバー〈工〉のお客様であり、私の店〈銀座千福〉のお客様でもある二人の紳士、小滝茂樹さんと岩渕徹さんのご提案からはじまりました。

去年の夏、久しぶりに工で偶然お会いして席をご一緒し、すっかり話が盛り上がって気づけば夜中の十二時過ぎ。そのとき、たまたま芳町時代の話をしたところ「面白い！　歴史的にも貴重なお話だと思います。本にまとめませんか」と言われました。「とんでもない」と一度はお断りしたのですが――。愛情を持って接し、私を育ててくれた昭和・平成に出会った人たち、令和になって巡り会った人たち、これまでご縁を結んだすべての人たちに、感謝の気持ちを伝える良い機会になると思い、心を決めました。

それからは、静かに余生を送っていた日々が一変。人生を振り返りながら出版社の方と打ち合わせをしたり、それまでまったく縁のなかったクラウドファンディングを立ち上げたりと、再び社会と関わっている感覚を味わい、若返ったように感じられた毎日でした。

書き終えて今思うのは、時代と自分は切り離せないということです。学童疎開をしてひもじい思いをしたのは、幼少期が戦時中だったから。生きている間にはもう戦争が身近になることはないと思っていましたが、私たちの生活にも大きく影響する軍事侵攻が起き、今もまだ戦争は続いています。未知のウイルスの世界的大流行によって、行動が制限される日々も体験しました。自分の意思とは関係なく生き方が左右されてしまうことは、いつでも起こりうるのです。明日、今の生活が壊れてしまうかもしれない、事故に遭って怪我をしてしまうかもしれない、そう思って生きることが大事なのではないでしょうか。

生きていると誰にでも、つらいことや悲しいことがたくさん起こります。

人生とはそういうもの。起きたことを嘆いていても何も変わらないし、前に進めません。それを受け止め、どう乗り越えるかを考えていくしかないのです。だから大事なのは、日常の中で感じられる小さな幸せを有り難いと思えるかどうかです。

私は、人生をトータルで考え、最後にプラス2くらいで終われたら、それで十分と思っています。

私が関わり、今も決して忘れられない方がたくさんいらっしゃいます。人と人はもっと深く関わって良いと思います。家庭でも社会にあっても、さりげなく、それでいて強く、相手に思いを伝えることが大切だと考えてきました。さりげなくとは〈距離感〉です。これを間違えると折角の人間関係も台無しになってしまいます。相手を思いやりながら、自分の思いをきちんと伝える。こうして私は、家族や友人を見送った今も、懐かしい顔、愛しい顔の笑顔に包まれて生きています。

最後になりましたが、クラウドファンディングで寄付をしてくださったたくさんの方々、個別にご支援くださった方々、心より感謝申し上げます。皆様のお手元にこの本をお届けできることを嬉しく思います。クラウドファンディング立ち上げを発案し、サポートしてくださった高島祀龍さんには大変お世話になりました。おかげで目標を達成することができました。

そして、表紙の素敵な日本画を描いてくださった丁子紅子《ちょうしべにこ》さん、出版を引き受けてくださった株式会社メディア・ケアプラス代表取締役社長の松嶋薫さん、編集を手伝ってくださった楠田尚美さんには、特別の感謝を捧げます。この本に関わっていただいたすべての方、読んでくださった皆様に、素敵な出会いと多くの幸せが訪れますように。

令和5年6月

羽根田 愛子

著者紹介　羽根田 愛子（はねだ あいこ）

昭和 12 年 2 月 17 日、東京生まれの東京育ち。空襲を生き延び学童疎開に耐えた。東京五輪直前の日本橋芳町で人生修行を始める。30 歳で「銀座千福」の女将となり、おもてなし生活を 40 年。その後も銀座の愛子ママとして活躍。好きな言葉は「立ち直る力」。好きな色は藤色。初めての著作に挑戦し、ますます元気な 86 歳。

銀座千福ものがたり
― 86歳女将の藤色グラフィティ ―

2023 年 7 月 23 日　第 1 刷発行

著　者　羽根田 愛子

発行者　松嶋 薫

発行所
株式会社メディア・ケアプラス
〒 140-0011 東京都品川区東大井 3 - 1 - 3 -306
電話：03-6404-6087
FAX：03-6404-6097

印刷・製本　日本ハイコム
装幀画　丁子 紅子
デザイン　ヒナタラボデザイン事務所
編集協力　楠田 尚美

ISBN 978-4-908399-22-0　C0095